Dariusz Jaworski

Principio y Fin

Dariusz Jaworski

Principio y Fin

CREDO EDICIONES

Imprint
Any brand names and product names mentioned in this book are subject to trademark, brand or patent protection and are trademarks or registered trademarks of their respective holders. The use of brand names, product names, common names, trade names, product descriptions etc. even without a particular marking in this work is in no way to be construed to mean that such names may be regarded as unrestricted in respect of trademark and brand protection legislation and could thus be used by anyone.

Cover image: www.ingimage.com

Publisher:
CREDO EDICIONES
is a trademark of
International Book Market Service Ltd., member of OmniScriptum Publishing Group
17 Meldrum Street, Beau Bassin 71504, Mauritius

Printed at: see last page
ISBN: 978-620-2-47854-0

DE LA INTRODUCCIÓN A LA PRIMERA PARTE

Uno de los rasgos característicos de nuestros tiempos es que los creyentes, incluso los que regularmente participan en la Misa o se acercan a los sacramentos, no siempre saben contestar las preguntas relacionadas con su fe, es decir no siempre saben lo que creen. En estos casos es más fácil convencerlos a ellos que su fe es sola y exclusiva-mente su asunto privado, que no se debe exteriorizar. Y si se unen a ello los "complejos del creyente", al cual el mundo moderno quiere situar al lado de lo moderno, entonces el peligro de alejarse de la Iglesia y de Dios se hace más evidente.

Una parte de culpa de esta situación se halla en lo específico de los tiempos en los cuales vivimos, los cuales ponen el acento en la necesidad del aprovechamiento ilimitado de la vida, tapando escrupulosamente a la vez la verdad de algunos de sus aspectos, como por ejemplo: la procedencia y el destino del hombre, las consecuencias de la libertad mal entendida, el sufrimiento y la muerte.

Pero sobre todo los culpables somos nosotros mismos, que hacemos poco o nada para conocer y comprender nuestra fe, y para seguir enriqueciendo continuamente este conocimiento. Y aún más. En muchos casos nos parecemos a la gente dominada por un miedo específico que nos impide tocar esta temática en nuestras simples y cotidia-nas conversaciones, y las discusiones sobre los llamados "temas eclesiásticos", si acaso tienen lugar, toman forma de chismes, los cuales carecen de objetivismo y se la alejan de la simple conveniencia.

Mientras tanto debemos aprender a conversar acerca de nuestra fe y de los problemas que se relacionan con ella, ya que de ella pues depende nuestra vida y nuestra eternidad. Y sobre todo debemos deshacernos de la vergüenza que en muchos casos acompaña la posibilidad de ser juzgados por el entorno como retrógrados. Porque independientemente de cualquier convicción opuesta, la fe constituye un elemento desmesuradamente importante de lo que nosotros llamamos humanidad.

Cierto tiempo, aún en Polonia, cuando daba clases de catequesis dirigida a los adultos, nació la idea del libro, que vio la luz del día en el año 1997, abarcando algunos temas relacionados con la fe católica, como la Revelación Divina y la Biblia, la Santísima Trinidad, la creación y el pecado original, y también la escatología, es decir la doctrina de las cosas finales. En Ecuador me gustaría hacerlo "por partes", en forma de cuadernos, para no paralizar a los futuros lectores con un extenso volumen. (...)

Como se darán cuenta, frecuentamente cito la Biblia[1]*; lo hago para evidenciar que la doctrina católica tiene raices bíblicas. Me refiero también a la oficial e histórica enseñanza de la Iglesia para demostrar que la doctrina desde el principio está bien documentada. Hago, por fin, referencias al Catecismo de la Iglesia Católica para invitar a los lectores a una reflexión ya independiente.*

El contenido de este libro tiene forma de diálogo, ya que esto permite guiar mejor el pensamiento y enfocar la atención del lector en los verdaderos problemas e importantes elementos de la historia de la salvación. (...)

A algunos los puede irritar el mismo título: Tranquilo, los dogmas no muerden. No oculto, que esto es una medida intencional, predispuesta por un lado, a la provocación, y por otro a la eliminación de las trabas en el hablar y preguntar acerca de Dios, de la fe y la doctrina.

Así pues, ¡ánimo!, ¡no teman!, los dogmas no hacen daño. Invito a todos a la lectura.

Santo Domingo,
en la Solemnidad de la Santísima Trinidad,
3 de Junio del 2012.

p. Dariusz Jaworski

[1] *En la mayor parte de los casos me apoyo en la traducción de la Biblia de Jerusalén. En otros casos menciono la fuente.*

INTRODUCCIÓN

¿De dónde vengo? ¿Adónde voy? Estas preguntas acompañan al hombre desde el principio, desde cuando aprendió a reflexionar y comenzó a preguntarse sobre el sentido de su existencia y sobre su identidad. Sin responderlas, el hombre nunca sabrá quien es. Casi toda la historia del pensamiento humano testifica que, tanto la fuente de la existencia humana, como el objetivo de ésta, fueron vinculados casi siempre con Dios (o deidades). A través de ello el hombre expresaba una fuerte convicción de que su ser es algo más que una simple materia que lo rodea, y su objetivo definitivo trasciende lo que se puede ver y tocar.

Los últimos dos siglos fueron acompañados por el acelerado desarrollo de la civilización. Cualquier observador podría esperar que esto debiera conllevar también el florecimiento del pensamiento respecto a la identidad humana. Sin embargo no sucedió nada de eso. El hombre de hoy decidió liberarse de Dios para poder construir su propia grandeza sin ningunas limitaciones. Mientras tanto en vez de elevarse, comenzó a hundirse. En nombre de la modernidad negó la existencia de Dios, y con ello privó su humanidad de la vinculación absoluta, la redujo a una simple dimensión material, poniéndola en el mismo nivel que los animales y las plantas.

Muchos sienten la impropiedad de esta situación, e intentan redefinir su identidad. Para ello quieren regresar a la fuente, es decir a la Biblia, sin embargo se chocan con la incomprensión de la contemporaneidad, pues precisamente en este campo sucede algo raro. Específicamente los textos que tratan de los comienzos y del fin, es decir los que contribuyen a la respuesta sobre la identidad humana, son percibidos y tratados ostentosamente como mitos, leyendas e ilusiones, que no concuerdan con la realidad de hoy. Por ejemplo: Llevado por las corrientes contemporáneas, el hombre de hoy se detiene frente a la teoría de la evolución, presentada frecuentemente como un elemento contrario a las creencias tradicionales de la divina procedencia del mundo, y siente que al aceptarla rechazaría la tradición y la fe. En cambio, al rechazarla él mismo sería rechazadao por la llamada modernidad, y sería etiquetado como una reliquia del pasado que no encaja con la época. Analógicamente sucede con el tema de las realidades últimas, con el cielo, el infierno y la vida eterna.

Seguramente hay muchos factores responsables de ello. Sin embargo uno de los básicos, con el cual se vinculan los otros, se encuentra en los malentendidos surgidos a causa de la errónea interpretación de los textos bíblicos. Ésta a su vez se ha hecho tan común y popular, que por muchos es identificada con la doctrina oficial de la Iglesia que huele a la Edad Media. Así el círculo se cierra.

Por lo tanto para poder redefinir nuestra identidad, primero hay que re-interpretar los textos básicos para ella. Al mismo tiempo sería bueno ver también como dichos textos influían a las generaciones del pasado y como contribuían a la búsqueda de la respuesta a la pregunta más inquietante ¿Quién soy? Este proceso, pues, también forma parte de la identidad humana.

No obstante necesitamos aquí una aclaración. Para poder llegar al verdadero mensaje de la Biblia, es necesaria una disciplina, una liberación de la tentación de conocer la verdad "lo más rápido posible", yendo por los atajos. Cada uno de los elementos de la investigación debe ser tratado con la debida atención, pues de su correcta comprensión depende la comprensión de otros elementos.

Solo entonces encontraremos la respuesta a las preguntas ¿De dónde vengo? y ¿Adónde voy?, comprenderemos quienes somos y nos acercaremos al conocimiento del sentido de nuestra existencia.

Santo Domingo,
En la Solemnidad de la Ascensión del Señor,
17 de Mayo del 2015

p. Dariusz Jaworski

PRINCIPIO

En el Credo, ya al mismo comienzo confesamos que Dios es *Creador del cielo y de la tierra*, es decir declaramos que según nuestra fe, el mundo junto con el hombre es su obra. ¿En qué basamos esta convicción?

Primero partimos de la observación. Por un lado nos damos cuenta de la extraordinaria complejidad del mundo, y por otro de que es difícil encontrar la causa de este estado de cosas únicamente en la ciega actividad de las fuerzas naturales, y comprenderlo como efecto de pura coincidencia. La hipótesis de la evolución nos hace ver las consecuencias complejas en las causas simples y en la continua influencia del ambiente. Nosotros preferimos ver la "obra del Arquitecto".

Pero sobre todo nos basamos en la Revelación, y más precisamente en la Biblia que reconoce en Dios al Creador, es decir al Causante de la existencia de todo lo que existe en el universo.

¿Sería una cosa sobrante explicar el significado del verbo *crear*? Al parecer todos conocemos su significado.

Aunque esta palabra está muy presente en nuestro lenguaje cotidiano, se evidencia que su significativo primitivo se nos está perdiendo, y con ello se nos borra la elocuencia de la doctrina de la creación. Pese a que en el diccionario de los sinónimos podemos leer que *crear* se puede interpretar como *inventar*, *engendrar*, *procrear*, *imaginar*, *concebir*, *instaurar*, *fundar*, *establecer*, *instituir*, *legitimar*, *nombrar*, *designar*, *elegir*, es decir como verbos que no entran demasiado en el "campo material", no obstante en el lenguaje común el sinónimo de *crear* es *hacer*. En este sentido no habría mucha diferencia entre *creador* y *hacedor*. Además desde ahí ya no se necesitaría mucho para poner al hombre en el lugar de Dios, o para deshacerse de Dios como de algo sobrante e inútil. Por ello debemos optar a favor de la restauración del significado del verbo *crear*, el cual en su sentido propio no tiene sinónimos ya que concierne únicamente a Dios. Sólo Dios crea. Es decir solo Él llama a la existencia lo que anteriormente no existió.

De lo que me oriento es dogma, es decir verdad de la fe, que como católicos debemos reconocer, aceptar y confesar, que Dios creó el mundo de la nada.

Esta afirmación se relaciona directamente con la concepción clásica de la creación. Y ésta, basada tanto en el Hexaemeron[2] como en el pasaje del Libro de los Macabeos[3], y definida con la ayuda de la filosofía de santo Tomás de Aquino, se relaciona con la actividad de Dios transcendente y supone la aparición repentina del ser totalmente nuevo, que no existió antes, tanto en una forma distinta como en sus elementos integrantes, solamente por medio del poder del orden divino, gracias al cual recibió su existencia.[4] La creación habría de ser un llamamiento a la existencia de algo de la nada, llamada como creación *ex nihilo*. Así lo define también la Iglesia. *Firmemente creemos*

---

[2] *Del griego "hexa hemeron" (seis días), el nombre de la "descripción" de la creación del mundo Gen 1, 1 – 2, 4ª.*
[3] 2M 7, 22-23.28.
[4] D. Jaworski, *Stworzenie w mysli wspolczesnej*, Lublin 2000, p. 205.

y simplemente confesamos, que uno solo es el verdadero Dios, eterno, inmenso e inconmutable, incomprensible, omnipotente e inefable, Padre, Hijo y Espíritu Santo: tres personas ciertamente, pero una sola esencia, sustancia o naturaleza absolutamente simple (...) Creador de todas las cosas, de las visibles y las invisibles, espirituales y corporales; que por su omnipotente virtud a la vez desde el principio del tiempo creó de la nada a una y otra criatura (...).[5] Aunque hoy muchos ven la actividad creativa de Dios solo así, sin embargo existen también otros, para quienes la nada "inicial" no constituye la condición necesaria para definir la creación. Y más aún: cada vez con mayor frecuencia ponen en duda la afirmación que la Biblia (excepto 2M), o por lo menos los primeros capítulos del Libro del Génesis, hablan de la creación de la nada.[6] Las dudas surgen ya en el primer capítulo que puede sugerir la creación del mundo de *algo informe*[7] o del *caos y confusión*[8], ya que la acción divina expresada por las palabras *dijo Dios* comienza después de crear los cielos y la tierra, los cuales fueron creados *en el principio*[9]. Las mencionadas dudas se multiplican aún más durante la lectura del segundo capítulo[10], especialmente en el caso de la creación del hombre, que según el texto fue formado del *polvo de la tierra*[11].

Entonces ¿por qué la doctrina cristiana habla de la creación de la nada?

Primeramente porque este detalle es mencionado en el Libro de los Macabeos. Además no olvidemos que al hablar sobre la creación, la Biblia, y tras ella también la Iglesia, habla sobre el Creador y su transcendencia. Esto parece acentuar el Catecismo, que en el numeral 296 alega a san Teófilo de Antioquía: *¿Qué tendría de extraordinario si Dios hubiera sacado el mundo de una materia preexistente? Un artífice humano, cuando se le da un material, hace de él todo lo que quiere. Mientras que el poder de Dios se muestra precisamente cuando parte de la nada para hacer todo lo que quiere.*[12]

No obstante podríamos aquí arriesgarnos y preguntar por qué el Libro de los Macabeos menciona la creación de la nada. No lo haríamos para confirmar la veracidad del texto sino para comprender el proceso de la formación de la doctrina. Somos ya conscientes que en muchos casos la doctrina cristiana se formaba y desarrollaba en base de la negación, como la contraposición a las herejías.[13] Y aún más, algunas doctrinas pierden su importancia si se omite su papel de negación de las enseñanzas erróneas. La probabilidad semejante pudo haber acontecido en el caso de la enseñanza sobre la creación de la nada. Es difícil aprobar la afirmación que *la nada* fue el punto inicial "neutral" para la reflexión humana porque esa siempre concierne a algo. Igualmente es difícil encontrar en la Biblia una clara confirmación que el mundo fue creado de la nada. Ya estas dos reservas hacen que sea poco probable que la categoría de la nada hubiera sido elemento de la enseñanza positiva sobre la creación. Mucho más racional es colocar la nada en la exposición negativa; como la negación de algo. En este caso creación *ex nihilo* se opondría a la opinión panteísta según la cual el mundo es parte de la naturaleza divina y, por otro lado, rechazaría el pensamiento platónico que veía el surgimiento del mundo en la base de la eterna materia. Aquí, según muchos, hay que ver la fuente y la esencia de la doctrina de la creación de la nada. Su principio es informarnos no *cómo* Dios creó el mundo, sino *que no lo hizo* según dos

[5] DH 800 (Concilio IV de Letrán, 1215).
[6] L. Janczuk, *Stworzenie nieba i ziemi wedlug Heksameronu*, „Na poczatku..." (1995) 2, p. 44-48.
[7] Gn 1, 2 – *traducción del Libro del Pueblo de Dios.*
[8] Gn 1, 2 – *traducción de la Biblia de Jerusalén.*
[9] Gn 1, 1.
[10] Gn 2, 4b – 25.
[11] Gn 2, 7 – *traducción de la Biblia Latinoamericana.*
[12] CCE 296.
[13] D. Jaworski, *Tranquilo los dogmas no muerden. Santísima Trinidad*, Santo Domingo 2012, p. 14-15.

mencionadas maneras, es decir que el mundo no es fruto de su emanación ni fue creado en base de la materia ya existente. En este sentido se lo puede probar también en la Biblia, que rechaza el panteísmo y se opone a la existencia de algo no creado, excepto el mismo Dios. Repito una vez más: En nuestro enfoque teológico se encuentra Dios y no los datos de las ciencias naturales, los mismos que nos sirven más bien como "portadores" de los elementos doctrinales. En este caso preciso, y en el espíritu semejante, se pronuncia hoy también el Catecismo: *Creemos que Dios no necesita nada preexistente ni ninguna ayuda para crear. La creación tampoco es una emanación necesaria de la substancia divina. Dios crea libremente "de la nada".*[14] Por lo tanto, cuando decimos que Dios creó el mundo de la nada, expresamos sobre todo nuestra convicción o más bien la certeza que el poder divino es ilimitado y transciende totalmente toda nuestra imaginación.

Anteriormente fue mencionada la hipótesis de la evolución. ¿No es teoría?

No es que en este caso me opongo a usar el término teoría. Sin embargo quiero así señalar, que para que una hipótesis pueda ser llamada teoría, tiene que tener la confirmación de todos sus componentes, basada tanto en las observaciones como en los experimentos. Mientras tanto en el caso de la evolución biológica, que trata sobre la vida en la tierra, falta confirmación de por lo menos un elemento, el más importante, llamado el *eslabón faltante*. Hasta ahora no se ha descubierto los residuos (p.ej. del esqueleto) de lo que ya no hubiera sido mono y aún no hubiera sido hombre. La ciencia dispone de una inmensidad de los descubrimientos arqueológicos, mas no del mencionado elemento. Y aunque se trata de un solo elemento, pero el más importante. Por lo tanto por justicia sería mejor hablar de la hipótesis y no de la teoría de la evolución. No obstante propongo dejar este asunto a un lado para más tarde, para poder comenzar con lo que nos sugiere la Revelación Divina. Ésta a su vez no se reduce únicamente a la cuestión de la procedencia del mundo, sino más bien nos permite a todos comprender mejor este mundo, y al mismo tiempo comprendernos también a nosotros mismos, implantados en él. En el Catecismo de la Iglesia Católica leemos: *La catequesis sobre la Creación reviste una importancia capital. Se refiere a los fundamentos mismos de la vida humana y cristiana: explicita la respuesta de la fe cristiana a la pregunta básica que los hombres de todos los tiempos se han formulado: "¿De dónde venimos?" "¿Adónde vamos?" "¿Cuál es nuestro origen?" "¿Cuál es nuestro fin?" "¿De dónde viene y adónde va todo lo que existe?" Las dos cuestiones, la del origen y la del fin, son inseparables. Son decisivas para el sentido y la orientación de nuestra vida y nuestro obrar.*[15]

Bien. Comencemos por lo tanto desde el principio. En el Libro del Génesis, en los dos primeros capítulos podemos leer dos descripciones de la creación del mundo y del hombre, y hay que admitir que su lectura provoca muchas dudas y confusiones. Sobre todo el hecho de que las dos son descripciones distintas, que según muchos se contradicen. ¿No debilita eso la veracidad de la Biblia? ¿Por qué fueron puestas una al lado de la otra? ¿Cómo comprenderlo?

Para no colgar nuestra conversación en el aire, citemos primero ambos textos:

I texto: Gn 1, 1-2, 4a

1. En el principio creó Dios los cielos y la tierra. ***2.*** *La tierra era caos y confusión y oscuridad por encima del abismo, y un viento de Dios aleteaba por encima de las aguas.* ***3.*** *Dijo Dios: «Haya luz», y hubo luz.* ***4.*** *Vio*

[14] CCE 296.
[15] CCE 282.

Dios que la luz estaba bien, y apartó Dios la luz de la oscuridad; ***5.*** *y llamó Dios a la luz «día», y a la oscuridad la llamó «noche». Y atardeció y amaneció: día primero.* ***6.*** *Dijo Dios: «Haya un firmamento por en medio de las aguas, que las aparte unas de otras.»* ***7.*** *E hizo Dios el firmamento; y apartó las aguas de por debajo del firmamento, de las aguas de por encima del firmamento. Y así fue.* ***8.*** *Y llamó Dios al firmamento «cielos». Y atardeció y amaneció: día segundo.* ***9.*** *Dijo Dios: «Acumúlense las aguas de por debajo del firmamento en un solo conjunto, y déjese ver lo seco»; y así fue.* ***10.*** *Y llamó Dios a lo seco «tierra», y al conjunto de las aguas lo llamó «mares»; y vio Dios que estaba bien.* ***11.*** *Dijo Dios: «Produzca la tierra vegetación: hierbas que den semillas y árboles frutales que den fruto, de su especie, con su semilla dentro, sobre la tierra.» Y así fue.* ***12.*** *La tierra produjo vegetación: hierbas que dan semilla, por sus especies, y árboles que dan fruto con la semilla dentro, por sus especies; y vio Dios que estaban bien.* ***13.*** *Y atardeció y amaneció: día tercero.* ***14.*** *Dijo Dios: «Haya luceros en el firmamento celeste, para apartar el día de la noche, y valgan de señales para solemnidades, días y años;* ***15.*** *y valgan de luceros en el firmamento celeste para alumbrar sobre la tierra.» Y así fue.* ***16.*** *Hizo Dios los dos luceros mayores; el lucero grande para el dominio del día, y el lucero pequeño para el dominio de la noche, y las estrellas;* ***17.*** *y púsolos Dios en el firmamento celeste para alumbrar sobre la tierra,* ***18.*** *y para dominar en el día y en la noche, y para apartar la luz de la oscuridad; y vio Dios que estaba bien.* ***19.*** *Y atardeció y amaneció: día cuarto.* ***20.*** *Dijo Dios: «Bullan las aguas de animales vivientes, y aves revoloteen sobre la tierra contra el firmamento celeste.»* ***21.*** *Y creó Dios los grandes monstruos marinos y todo animal viviente, los que serpean, de los que bullen las aguas por sus especies, y todas las aves aladas por sus especies; y vio Dios que estaba bien;* ***22.*** *y bendíjolos Dios diciendo: «sed fecundos y multiplicaos, y henchid las aguas en los mares, y las aves crezcan en la tierra.»* ***23.*** *Y atardeció y amaneció: día quinto.* ***24.*** *Dijo Dios: «Produzca la tierra animales vivientes de cada especie: bestias, sierpes y alimañas terrestres de cada especie.» Y así fue.* ***25.*** *Hizo Dios las alimañas terrestres de cada especie, y las bestias de cada especie, y toda sierpe del suelo de cada especie: y vio Dios que estaba bien.* ***26.*** *Y dijo Dios: «Hagamos al ser humano a nuestra imagen, como semejanza nuestra, y manden en los peces del mar y en las aves de los cielos, y en las bestias y en todas las alimañas terrestres, y en todas las sierpes que serpean por la tierra.* ***27.*** *Creó, pues, Dios al ser humano a imagen suya, a imagen de Dios le creó, macho y hembra los creó.* ***28.*** *Y bendíjolos Dios, y díjoles Dios: «Sed fecundos y multiplicaos y henchid la tierra y sometedla; mandad en los peces del mar y en las aves de los cielos y en todo animal que serpea sobre la tierra.»* ***29.*** *Dijo Dios: «Ved que os he dado toda hierba de semilla que existe sobre la haz de toda la tierra, así como todo árbol que lleva fruto de semilla; para vosotros será de alimento.* ***30.*** *Y a todo animal terrestre, y a toda ave de los cielos y a toda sierpe de sobre la tierra, animada de vida, toda la hierba verde les doy de alimento.» Y así fue.* ***31.*** *Vio Dios cuanto había hecho, y todo estaba muy bien. Y atardeció y amaneció: día sexto.* ***(Gn 2) 1.*** *Concluyéronse, pues, los cielos y la tierra y todo su aparato,* ***2.*** *y dio por concluida Dios en el séptimo día la labor que había hecho, y cesó en el día séptimo de toda la labor que hiciera.* ***3.*** *Y bendijo Dios el día séptimo y lo santificó; porque en él cesó Dios de toda la obra creadora que Dios había hecho.* ***4.*** *Esos fueron los orígenes de los cielos y la tierra, cuando fueron creados.*

II texto: Gn 2, 4b -25

4b. El día en que hizo Yahveh Dios la tierra y los cielos, ***5.*** *no había aún en la tierra arbusto alguno del campo, y ninguna hierba del campo había germinado todavía, pues Yahveh Dios no había hecho llover sobre la tierra, ni había hombre que labrara el suelo.* ***6.*** *Pero un manantial brotaba de la tierra, y regaba toda la superficie del suelo.* ***7.*** *Entonces Yahveh Dios formó al hombre con polvo del suelo, e insufló en sus narices aliento de vida, y resultó el hombre un ser viviente.* ***8.*** *Luego plantó Yahveh Dios un jardín en Edén, al oriente, donde colocó al hombre que había formado.* ***9.*** *Yahveh Dios hizo brotar del suelo toda clase de árboles deleitosos a la vista y buenos para comer, y en medio del jardín, el árbol de la vida y el árbol de la ciencia del bien y del mal.* ***10.*** *De Edén salía un río que regaba el jardín, y desde allí se repartía en cuatro brazos.* ***11.*** *El uno se llama Pisón: es el que rodea todo* *el país de Javilá, donde hay oro.* ***12.*** *El oro de aquel país es fino. Allí se encuentra el bedelio y el ónice.* ***13.*** *El segundo río se llama Guijón: es el que rodea el país de Kus.* ***14.*** *El tercer río se llama Tigris: es el que corre al oriente de Asur. Y el cuarto río es el Eufrates.* ***15.*** *Tomó, pues, Yahveh Dios al hombre y le dejó en al jardín de Edén, para que lo labrase y cuidase.* ***16.*** *Y Dios impuso al hombre este mandamiento: «De cualquier árbol del jardín puedes comer,* ***17.*** *mas del árbol de la ciencia del bien y del mal no comerás, porque el día que comieres de él, morirás sin remedio.»* ***18.*** *Dijo luego Yahveh Dios: «No es bueno que el hombre esté solo. Voy a hacerle una ayuda adecuada.»* ***19.*** *Y Yahveh Dios formó del suelo todos los animales del campo y todas las aves del cielo y los llevó ante el hombre para ver cómo los llamaba, y para que cada ser viviente tuviese el nombre que el hombre le diera.* ***20.*** *El hombre puso nombres a todos los ganados, a las aves del cielo y a todos los animales del campo, mas para el hombre no encontró una ayuda adecuada.* ***21.*** *Entonces Yahveh Dios hizo caer un profundo sueño sobre el hombre, el cual se durmió. Y le quitó una de las costillas, rellenando el vacío con carne.* ***22.*** *De la costilla que Yahveh Dios había tomado del hombre formó una mujer y la llevó ante el hombre.* ***23.*** *Entonces éste exclamó: «Esta vez sí que es hueso de mis huesos y carne de mi carne. Esta será llamada mujer, porque del varón ha sido tomada.»* ***24.*** *Por eso deja el hombre a su padre y a su madre y se une a su mujer, y se hacen una sola carne.* ***25.*** *Estaban ambos desnudos, el hombre y su mujer, pero no se avergonzaban uno del otro.*

Ahora podemos regresar a nuestra problemática. Las dudas anteriormente mencionadas nacen en las mentes de muchas personas, y parece que siempre fue así. De verdad si uno lee ambos textos sin la adecuada preparación anterior, sin el conocimiento de la realidad de las épocas en las cuales surgieron, sin intentar llegar a la profundidad de las ideas de sus autores, además sin buscar las preguntas a las cuales quisieron dar respuestas, puede apartarse de su verdadero contenido y de su elocuencia. Démonos cuenta de que las preguntas mencionadas por el Catecismo fueron actuales también cuando surgieron los textos sobre la creación del mundo y del hombre. Por tanto sus Autores, inspirados por Dios intentaban, a su manera, presentar las respuestas. Es obvio que tuvieron que servirse de tales expresiones e imágenes que la gente de su época, con su propio nivel de conocimiento y el modo de pensar, y de ver la realidad, pudiera comprender. Por esa razón fue necesario presentar el contenido muy complicado, y a la vez complejo, de manera relativamente fácil. Y así se hizo. Hoy podríamos decir que tanto para los mismos Autores, como para la gente de aquel tiempo, fue importante no tanto el portador de la idea sino más bien la misma idea; no tanto el trama del cuento sino las conclusiones sugeridas por ella. Así fue la cultura de aquella época. Hoy nuestra manera de pensar es totalmente distinta, incluso casi contraria. Nos concentramos en la trama y no nos damos cuenta de su elocuencia, no sabemos sacar ni la idea principal ni las conclusiones. En el caso de los textos de los cuales estamos hablando, todo empezó a complicarse cuando comenzaron a surgir nuevas propuestas de las explicaciones de la procedencia del mundo, de su estructura y su desarrollo. En aquel entonces el acento de la comprensión y la interpretación de los primeros capítulos de la Biblia fue trasladado. La fuente de la fe se transformó, en este caso, en la fuente de la explicación "científica" de los comienzos del mundo, con la cual no se debió discutir. Sin duda alguna eso fue un abuso basado en la interpretación literal de los textos bíblicos. Sin embargo no debemos culpar, o más bien condenar, a los responsables de ello. Pues frecuentemente aparecían herejías y doctrinas erróneas. No debe sorprender que los responsables de la pureza de la fe y de la doctrina intentaban defenderlas contra los ataques de sus enemigos. En el pasado precisamente así se veía a los que hablaban de otro modo del surgimiento del mundo y de las especies.

Para que nosotros no cometamos errores debemos comenzar la reflexión sobre esos textos con su explicación literaria. Lo primero que hay que saber es que entre ambos textos existe la diferencia temporal. Los separa el periodo de unos 400 años. El primero (Gn 1, 1 – 2, 4a) es menor, es decir surgió más tarde, alrededor del siglo VI antes de Cristo, durante el destierro de Babilonia, en la llamada tradición sacerdotal; y el segundo (Gn 2, 4a – 25) es mayor, surgió alrededor del siglo X, en la llamada tradición yavista.

¿Debemos comprender que no son relatos históricos?

Claro que no lo son. ¿Quién pudo haber sido testigo de la creación del mundo? Estos textos tienen carácter didáctico e intentan dar respuestas a las básicas preguntas de la humanidad, que en el mismo tiempo constituyen el fundamento de toda la vida humana. No se puede construir un buen edificio basándose en los malos fundamentos. Si alguien no construyera bien sus relaciones con Dios y no las basará en los sólidos fundamentos, muy pronto se perderá en la vida. Ambos textos basan nuestras relaciones con Dios en los fundamentos firmes y verdaderos.

Es decir ¿no son sobre la creación del mundo?

Mejor y más precisamente sería decir que son sobre Dios, sobre el mundo y su procedencia, sobre el hombre y sobre sus mutuas relaciones. Y la obra de la creación del mundo, que a la primera vista se encuentra en el centro del interés del autor, es solo fondo o puente para la transmisión del verdadero contenido. La trama aquí introducida anima el pensamiento y compromete más al destinatario. Ejemplos de las gestiones de este tipo las encontramos también en los Evangelios, cuando el Señor Jesús en vez de hablar directamente usaba parábolas.

En este momento necesito una explicación. ¿Qué significa la mencionada Tradición sacerdotal y yavista?

Hablando de manera general se trata de las fuentes de la Biblia del Antiguo Testamento. En la Wikipedia podemos leer que *la Tradición yahvista, de acuerdo a la hipótesis documentaria, es una de las cuatro fuentes principales a partir de las cuales se escribieron los libros (...) del Antiguo Testamento datada entre los siglos X a. C. y IX a. C. Es la fuente más antigua, y sus relatos representan la mitad del Génesis y la primera mitad del Éxodo, además de fragmentos de Números. Se denomina yahvista (abreviada J) porque sus autores suelen designar a Dios con el nombre Yahvé (o más bien YHWH); suelen describir a Dios con reacciones y actitudes humanas, como un Dios familiar y cercano, y tienen un interés especial en el territorio del Reino de Judá y en personas relacionadas con su historia.* En cambio la tradición sacerdotal o tradición presbiteral[16] (abreviada P) es la más reciente de las cuatro fuentes del Antiguo Testamento, datada entre los siglos VI a. C. y V a. C. Sus autores habrían de ser los sacerdotes. Como tal se interesa por las genealogías, ritos, leyes y fechas. La *tradición sacerdotal* se refiere a Dios en los términos de *Elohim* o *El Shaddai*, y lo trata como un ser trascendental y distante, que se comunica a través de los sacerdotes, en contraposición a los documentos de la *tradición yavista*. En la *tradición sacerdotal* Dios es justo, pero también es despiadado y brutal y aplica severos castigos cuando se violan las leyes.

Teniéndolo todo en cuenta, analicemos ahora el primer texto (Gn 1, 1 - 2, 4a). Se lo llama Hexaemeron, lo cual es aglutinación de dos palabras griegas *seis* y *días*. El mismo nombre habla ya de la especificidad del texto porque refleja su división en seis días del "trabajo" de Dios. Si nos fijamos bien, descubriremos algo como un estribillo, que aparece después de la obra creativa de cada día: "Y atardeció y amaneció: día primero (segundo, tercero etc.)". Este estribillo le confiere al texto una rítmica específica, gracias a la cual descubrimos que estos seis días no son más que

[16] *http://es.wikipedia.org/wiki/Tradición_sacerdotal*, 13.01.2015.

estrofas de un poema, y su totalidad, como hoy ya lo sabemos, es un himno, incluso un himno litúrgico, en honor del Dios Creador, es decir una poesía.

¿Solamente la rítmica del texto nos hace afirmar que éste es una poesía?

Sin duda alguna la rítmica es un elemento muy importante pero no único. Si nos fijamos bien en la construcción del trama del texto, nos daremos cuenta de la existencia de algo como paralelas entre los días-estrofas: primero con cuarto, segundo con quinto, tercero con sexto, según la reglamentación de que en los tres primeros días Dios crea el ambiente, y en tres siguientes lo llena adecuadamente. Y así en el primer día Dios crea la luz y la separa de las tinieblas, y en el cuarto día crea el sol y la luna con las estrellas. En el segundo día separa las aguas creando el firmamento (cielo) y aguas debajo del firmamento (mares), y el quinto día crea las aves y los animales vivientes propios de las aguas. El tercer día separando los mares Dios crea el suelo seco (tierra) con su vegetación, y el sexto día crea los animales y por fin al hombre.

Y ¿qué quiso decir el Autor de este himno?

Según se comprende el Autor canta la grandeza del Dios de Israel frente a los ánimos decaídos de los israelitas a causa del destierro en Babilonia. El hecho de estar sacados de su tierra natal les daba una impresión que el Dios de sus padres ya perdió su poder frente a los dioses paganos. El Autor recuerda a los compatriotas que su Dios está por encima de todos los dioses y su poder es absoluto, no depende de las circunstancias ni del tiempo, ni se puede comparar con nada, ya que este Dios creó el cielo y la tierra, y todo cuanto existe. Lo hizo todo pronunciando únicamente la palabra.

Está bien. Podríamos aceptar que estos seis días son concepción literaria y sirven para expresar la trascendencia de Dios. No obstante ¿qué significaría en este caso el día séptimo?

La pregunta muy acertada. Esta séptima estrofa parece escapar de la anterior reglamentación, como si fuera añadida por otra razón. Además en cierto sentido se encuentra en la oposición a la elocuencia de las estrofas anteriores donde vemos a Dios como un ser todopoderoso, que crea todo con su palabra. Aquí de repente nos encontramos con un Dios que, cansado por el trabajo, tiene que descansar. Parece que en estas últimas frases se halla el núcleo del mensaje del texto así redactado. No olvidemos que Gn 1, 1–2, 4ª surgió en la tradición sacerdotal, en el ambiente cultual, en el cual una de las más importantes instituciones fue el sábado, como el día sagrado, dedicado a Dios; como una señal de la relación entre Yavé y el pueblo de Israel. Su origen lo demuestra la Biblia en el Monte Sinaí, cuando Moisés recibió los Diez Mandamientos: *Recuerda el día del sábado para santificarlo. Seis días trabajarás y harás todos tus trabajos, pero el día séptimo es día de descanso para Yahveh, tu Dios. No harás ningún trabajo, ni tú, ni tu hijo, ni tu hija, ni tu siervo, ni tu sierva, ni tu ganado, ni el forastero que habita en tu ciudad. Pues en seis días hizo Yahveh el cielo y la tierra, el mar y todo cuanto contienen, y el séptimo descansó; por eso bendijo Yahveh el día del sábado y lo hizo sagrado.*[17] Sin embargo, aunque la costumbre del sábado fue muy antigua, el destierro de Babilonia debilitó su universalidad y, con esto, también los vínculos entre el pueblo y su Dios. Para salvaguardar la especificidad del judaísmo era necesario recordar los orígenes de la tradición, subrayando que la semana basada en seis días del trabajo y el séptimo día del descanso se basaba directamente en la voluntad de Dios. Por esta razón el acto de la creación encerrado en el texto, se prolonga de

[17] Ex 20, 8-11.

manera medio artificial en seis días. Todo esto fue para recalcar la importancia del séptimo día, al cual Dios lo bendijo y lo hizo bendición para el hombre.[18] Aquí podemos encontrar también un mensaje aún más general, válido para todos los hombres de todos los tiempos, algo propio de la naturaleza humana. El hombre necesita un cíclico día del descanso para recobrar las fuerzas físicas. Y aún más: enredado con las cosas "de la tierra" debe por lo menos cada séptimo día levantar sus ojos hacia el cielo y pensar en quien creó todo el mundo y gracias a quien uno existe. Si el hombre no lo hace, muy pronto olvida quien es, de donde viene y gracias a quien uno existe. La característica de nuestros tiempos lo parece confirmar como nunca antes.

¿Todo esto quiere decir que seis días de la creación no son ya dogma de la Iglesia Católica?

Sobre todo hay que aclarar que nunca fue así, aunque hasta hoy se escucha las afirmaciones de este tipo. Según los dogmas Dios creó el mundo, es decir el mundo procede de Él, es consecuencia del acto (los actos) de su libre voluntad. La Iglesia no se pronuncia cómo Dios los hizo ni cuánto "tiempo" necesitó para hacerlo. Sin embargo hubo, y hasta hoy hay, pruebas de salvaguardar el número seis, comprendido tanto como seis días, cuanto como seis épocas, pero este procedimiento no es necesario, porque el mensaje encerrado en el texto relaciona seis días más con nuestra cotidianidad y no con el periodo de la creación, aunque así se parece a la primera vista.

Aquí sería bueno recalcar también otra cosa, válida para otros aspectos relacionados con la supuesta elocuencia del texto bíblico. ¿En cuáles disciplinas de la vida la Biblia debe tener la última palabra? La respuesta muy tentativa para un creyente es que en todas. Sin embargo la misma Biblia no se usurpa el derecho para ello. Lo explica muy bien san Juan al final de su Evangelio: *Estas (señales) han sido escritas* ***para que creáis*** *que Jesús es el Cristo, el Hijo de Dios, y* ***para que creyendo tengáis vida en su nombre.***[19] Si algo está puesto en la Biblia, es para despertar y mantener la fe que conduce a la vida eterna. Lo que no concierne a este objetivo no pertenece al núcleo del mensaje de la salvación. Es más bien un portador para ese.

Aquí aún podríamos preguntar: ¿Qué es lo que la Biblia nos enseña sobre la creación del mundo y del hombre? Durante siglos se opinaba que el texto Gn 1, 1-2, 4a hay que interpretarlo literalmente, con el acento a los seis días, los cuales –eventualmente- se los interpretaba como seis épocas, según la elocuencia de la segunda épistola de san Pedro: *Mas una cosa no podéis ignorar, queridos: que ante el Señor un día es como mil años y, mil años, como un día.*[20] Se lo hacía para "concordar" los "datos" bíblicos con las conclusiones de las ciencias naturales. Lo inquietante es que ya no se hacía lo mismo, o por lo menos con la misma fuerza e insistencia, con otro texto[21].

De hecho me acuerdo como en la catequesis se nos enseñaba que esos días bíblicos son largas épocas en las cuales se realizó la obra de la creación.

Esas pruebas de concordancias fueron (o son) más bien actuaciones artificiales y forzadas, porque siempre quedará cuestionada la falta de lógica en la esfera del orden de la creación. Por ejemplo según el Heksaemeron el primer día Dios creó la luz y tan sólo el cuarto día creó el sol. Para los israelitas de aquel tiempo no hubo problemas porque para ellos la luz era realidad

[18] Gn 2, 3.
[19] Jn 20, 30.
[20] 2P 3, 8.
[21] Gn 2, 4b-25

independiente, mientras para nosotros sí lo es, porque sabemos que en nuestro mundo la luz tiene su fuente en el sol, sin el cual no existe. Además no olvidemos del segundo texto que de ningún manera se puede concordar ni con el texto primero ni mucho menos con la hipótesis de la evolución. Aunque si se trata de ello, hay que decir que existen personas que lo intentan hacer diciendo que el primer texto nos proporciona los "datos generales" y el otro habla de los detalles, es decir el primer texto nos dice que Dios creó el mundo, y el otro dice como lo hizo. Al escuchar estas afirmaciones me da ganas de reír ya que me imagino a Dios como un hombre o un anciano que agachado siembra las flores, los arbustos y los árboles, después forma al hombre y por fin le saca una costilla para modelar a la mujer. De verdad no hay necesidad de concordar nada con nada porque el texto bíblico, tanto el primero como el segundo, no se usurpan derecho de explicar los comienzos del mundo desde el punto de vista científico. Simplemente no tratan de ello.

En este momento vale la pena mencionar también algo que podría ser visto como una falta de consecuencia en la "elaboración" de la doctrina. Sabemos que todos los elementos de la enseñanza de la Iglesia se basan en la Biblia, pero siempre en los textos sometidos a la reflexión. Algunos de ellos tomados separadamente constituyen, no pocas veces, apenas una parte de algo como "rompecabezas" o "acertijo". Así es, por ejemplo, en el caso de los dogmas trinitarios o los dogmas marianos. Mientras tanto en el caso de la creación muchos toman el pasaje Gn 1, 1-2,4a literalmente, como la doctrina ya "lista", y en otros textos relacionados ven su eventual complementario. Además debe llamar nuestra atención el hecho de que al leer este fragmento, se traza frente a nuestros ojos una interesante visión del mundo, de la cual vamos a hablar aún más precisamente. Por lo tanto preguntemos ¿qué fue primero: la visión del mundo o el texto de la creación? La respuesta lógica debería ser que la visión del mundo en la cual se basaba el Autor inspirado por Dios para demostrar que todo lo que existe, que nos rodea, procede directamente de Dios. No se parece muy sensato suponer que este Autor hubiese introducido a las comunes visiones y comprensiones del mundo unos elementos nuevos y ajenos porque, en este caso, el contenido más importante y oculto a la primera vista, es decir el mensaje mismo, hubiese tenido que pasar al segundo plano. Mientras tanto los partidarios de la significación literal del texto comparten la opinión, aunque tal vez inconscientemente, que el texto fue primero y, como tal llegó a ser base de la tardía visión del mundo, como si la Biblia se usurpara ser libro de carácter científico.

No obstante ¿tenemos algunas premisas para afirmar que la visión del mundo fue primaria, y el objetivo del texto fue demostrar o explicar la divina procedencia de la realidad?

Por ejemplo un pasaje, enigmático para nosotros, que habla de la separación de las aguas: *Dijo Dios: «Haya un firmamento por en medio de las aguas, que las aparte unas de otras.» E hizo Dios el firmamento; y apartó las aguas de por debajo del firmamento, de las aguas de por encima del firmamento. Y así fue. Y llamó Dios al firmamento «cielos». Y atardeció y amaneció: día segundo.*[22] Muchos preguntan: ¿Qué es el firmamento? y ¿Cuáles son las aguas de por encima del firmamento? Mientras tanto el Autor, como todos los de su época, se basaba en la observación de la realidad; ingenua, pero observación. Al experimentar las lluvias, es decir la caída del agua, sacaba la conclusión que el agua existía también arriba (ya que cae desde arriba). Además el cielo sereno tiene el color parecido a los mares. Y ¿cómo es que las aguas no caen todas? Porque las sostiene el firmamento,

[22] Gn 1, 6-8.

es decir la bóveda transparente, en la cual, además, Dios puso el sol, la luna y las estrellas.[23] La confirmación de esta manera de pensar la encontramos en los textos más antiguos de la Biblia. *El año seiscientos de la vida de Noé, el mes segundo, el día diecisiete del mes, en ese día (...) las compuertas del cielo se abrieron.*[24] Y también: *Se cerraron (...) las compuertas del cielo, y cesó la lluvia del cielo.*[25] Con el tiempo la expresión *cerrar* y *abrir el cielo* llegó a ser expresión solamente coloquial, pero durante muchos siglos expresaba la sincera convicción del hombre. Si aceptáramos la interpretación literal del Heksaemeron y tras ello nos pronunciáramos en favor de la prioridad del texto para con la visión del mundo, tendríamos que aceptar también que la Biblia afirma y enseña de que encima de nosotros existen aguas sostenidas por la bóveda celestial. Por ende no debe caber duda que primero funcionó la visión del mundo y después su existencia fue explicada por el acto de la creación.

Tengo todavía una inquietud. ¿Por qué al finalizar las descripciones de cada día se encuentran unas extrañas afirmaciones: *Y atardeció y amaneció: día primero, segundo etc.*? ¿No debería ser: *Y amaneció y atardeció*?

De hecho, al leer o escuchar hoy estas frases, nos detenemos un momento, porque algo nos parece no concordar. Sin embargo seguimos adelante suponiendo que "así se le escribió al Autor". Mientras tanto esta expresión habla mucho de la mentalidad de aquellos tiempos y de aquella cultura donde surgió el texto. En este caso se trata de la manera de medir el transcurso del tiempo. Para nosotros en esta época el momento clave es el amanecer, pues él significa que comienza el nuevo día. A la vez significa también que el día anterior terminó sin duda alguna. Claro que somos conscientes que el día anterior termina a medianoche. No obstante si alguien se encuentra en el campo o en el bosque, lejos de la civilización, y no tiene ningún reloj, y además durante la noche se durmió un poco sin saber cuánto, nunca a oscuras podrá decir con toda la seguridad que ya pasó la medianoche y que terminó el día anterior. Lo podrá decir sin duda únicamente al ver el amanecer del nuevo día. Esta es nuestra manera de marcar el transcurso del tiempo. No obstante existe también otra, igualmente lógica, la que ve el elemento determinante no en el amanecer sino en el atardecer. Cuando se pone el sol y llega la oscuridad, significa que el día ya ha terminado. Y si el día ya ha terminado, tenemos ya "primicias" del nuevo día. Es decir la noche "pertenece" al día siguiente. Esta manera de captar el transcurso del tiempo, aunque para nosotros un poco extraña, hasta ahora marca las celebraciones de las fiestas más importantes, con sus vigilias o vísperas. Y precisamante así lo vio también el Autor del Hexaemeron.

Hemos hablado considerablemente sobre el primer texto. Ha llegado el tiempo para que nos concentremos en el texto segundo.

Analicemos primero su contenido literario. Recuerdo que sus orígenes se datan alrededor del siglo XI/X antes de Cristo, es decir mucho antes que el Hexaemeron. Lo primero que nos salta a la vista es la cercanía de Dios, tanto la física como la afectiva. Dios lo hace todo con sus manos. Y lo más importante es que lo hace para el hombre. A este hombre, formado de los mismos elementos que la tierra y vivificado con el elemento divino, hecho libre, lo coloca Dios en el centro del jardín para que prolongue y colabore con la actividad divina para con la tierra[26]. El hombre recibe un solo mandamiento, una única limitación de su libertad, la prohibición de comer

---

[23] Gn 1, 15-17.
[24] Gn 7, 11.
[25] Gn 8, 2.
[26] *Cf.* Gn 2, 5: *ni había hombre que labrara el suelo.*

del árbol de la ciencia del bien y del mal. Así el hombre toma posesión de la creación[27], reconoce la igualdad de la mujer y ambos entran en la historia. Además es interesante un detalle de los ríos que alargan el río del jardín nacido del manantial primitivo. No obstante este detalle entra más bien en el suelo teológico y por eso mejor tratémoslo aparte.

Por tanto ¿cuál es el mensaje teológico de los textos del Libro del Génesis?

Aquí hemos llegado al núcleo de la problemática relacionada con las llamadas descripciones de la creación del mundo, a la respuesta a la pregunta básica: ¿De qué hablan estos textos? Ya nos hemos dado cuenta de que sus Autores no se usurpan ser relatores de la creación del mundo, tampoco se les puede atribuir tendencia a la explicación "científica" de los procesos del surgimiento del mundo. Ellos se limitan a enseñar lo que es más importante para la calidad de la vida humana, o mejor dicho se elevan al pináculo más universal, y hablan sobre Dios, sobre el mundo y su procedencia, y sobre el hombre y sus orígenes, junto con sus relaciones, tanto con Dios como con el mundo creado. Todo esto coincide con los intentos de la resolución de la más primitiva búsqueda del sentido de la vida. Aunque la letra de ambos textos puede parecer contradictoria, su elocuencia se complementa. Por eso el último redactor de la Biblia los puso uno al lado del otro. Lo cual no hubiera hecho en el caso contrario. Por la misma razón tratémoslos como una integridad, detallando en los casos necesarios, distintos acentos puestos por cada texto.

Primero es Dios.

La comprensión de lo que es Dios es de suma importancia para poder comprender correctamente la historia de la salvación. Por ello es esencial la acertada interpretación de los primeros capítulos del Libro del Génesis, los cuales se encuentran en el mismo comienzo del texto bíblico no por coincidencia.

Ya las primeras palabras del texto yavista, y mucho más del Hexaemeron, hablan de la anterioridad de Dios para con el mundo, al mismo tiempo indicándolo como la razón de su existencia: *Dios hizo el mundo*[28] o *Dios creó el mundo.*[29] En este momento es importante que recordemos lo dicho anteriormente, de que el verbo *crear* (en hebreo *bara*) se relaciona únicamente con Dios. Solo Dios *crea.* El hombre *hace*, *produce*, *elabora* o *trabaja*, es decir *transforma.* Y aunque en los idiomas contemporáneos esta diferencia lastimosamente ya ha desaparecido, no olvidemos que según la elocuencia de la Sagrada Escritura la creación como acto le corresponde únicamente a Dios. Además la Biblia no se limita solo a la mencionada afirmación, porque quiere también, a su manera, engancharla en la historia. El segundo texto habla de *un día*[30], mientras el Hexaemeron afirma: *En el principio...*[31] Tanto el primero como el segundo término puede llevar a los malentendidos y a las conclusiones que, con toda la certeza, no coinciden con las ideas de los Autores inspirados. Porque si la anterioridad de Dios para con el mundo la definiéramos con la palabra *antes*, es decir: *Antes de que surgiera el mundo, Dios ya fue*, entonces enseguida en muchas mentes nacerá otra pregunta: ¿De dónde surgió Dios? Y aquí hemos llegado al núcleo del asunto, al mismo fundamento de la respuesta a la pregunta ¿Quién es Dios? Se suele decir que no hay

---

[27] *Poner nombre significa expresar su soberanía.*
[28] *Cf.* Gn 2, 4b.
[29] *Cf.* Gn 1, 1.
[30] Gn 2, 4b: *El día en que hizo Yahveh Dios la tierra y los cielos...*
[31] Gn 1, 1.

preguntas tontas sino tontas respuestas. Sin embargo existe una excepción: preguntar sobre la procedencia de Dios. Cuando uno lo hace, expresa la contradicción, ya que ser Dios significa (entre otros atributos) *no tener principio.* Precisamente esto se refleja como un eco en la escena cuando Dios reveló a Moisés su nombre, encerrando en él su definición: *Yo soy el que soy.*[32] Entonces Dios simplemente ES, y no puede no ser.

No obstante queda aún la pregunta: ¿Que significa *en el principio*? Seguramente no es ninguna categoría temporal según nuestro entendimiento.[33] Es un "principio de los principios", un surgimiento del tiempo, es un "momento" en el cual Dios, desde su interna, interpersonal contemplación, se dirige hacia "afuera", dando el principio a la creación, y con ella también al tiempo, ya que antes de la creación el tiempo no había existido. El problema es que nuestra mente humana no abarca categorías de este tipo. Nosotros estamos inscritos en el tiempo y el espacio. No podemos imaginarnos algo que sería no-tiempo, es decir la eternidad y la infinidad. Tampoco somos capaces de captar la infinidad del mundo en el sentido espacial. Al mismo tiempo se nos escapa también su "finidad", ya que al aceptarla tendríamos que "colocarla" en algo que NO ES.

Entonces la Biblia, ya en el mismo comienzo, nos revela estos datos que serán después profundamente reflexionados, madurando junto con el desarrollo de la inteligencia de la humanidad y de su manera de captar, acompañados con las nuevas etapas de la Revelación Divina. Así, poco a poco, la humanidad comenzó a comprender que este Dios que se revela en las páginas de la Biblia, es Dios que existe *"desde fuera" del tiempo* y *"desde fuera" del espacio.*[34]

Y este Dios, según dos primeros capítulos del Libro del Génesis, es Dios Creador, es Fuente, Principio y Razón de la existencia de todo el mundo y lo que hay en él. El mundo existe porque Dios quiso así. Es un Ser libre, todopoderoso, ilimitado, que dispone del infinito poder causante y ejecutante[35], que cede una parte de su poder al hombre[36] y así se abre a la colaboración con él[37]. Al mismo tiempo es un Ser cercano al mundo creado[38], que se preocupa por el bienestar del ser humano.[39]

Después viene el hombre.

El hombre es criatura divina, y en esta formulación valdría la pena acentuar ambos componentes. Primero: que es tan sólo criatura y, segundo: que tiene procedencia divina. Hay que añadir enseguida, que dicha procedencia es específica, distinta a las demás criaturas, sobre lo cual trataremos dentro de poco. El primer componente vale la pena recordarles a todos ellos para quienes el hombre, con todas sus apetencias, avideces y voracidades es el más importante; y el segundo a quienes quieren minimizar al hombre y someterlo bajo el dominio de los poderes misteriosos del cosmos o entregarlo al servicio de la naturaleza deificada.

---

[32] Ex 3, 14.

[33] *No puede existir el tiempo real "antes" del tiempo, ni el espacio real „al lado" del espacio*; en: C. Bartnik, Dogmatyka katolicka, t. 1, Lublin 1999 (**desde ahora: Bartnik 1**), p. 253.

[34] *Dios comparte con nosotros tanto el tiempo como el espacio, sobre todo desde cuando "la Palabra se hizo carne" (Jn 1, 14) pero su Ser no se limita ni al uno ni al otro, transcendiendo a ambos.*

[35] *Crea, es decir llama las cosas a la existencia solamente pronunciando la palabra.*

[36] Gn 1, 26: *Que tenga autoridad sobre…* (Biblia Latinoamericana); cf. Gn 2, 19-20.

[37] Gn 2, 15.

[38] *Hace todo con sus propias manos.*

[39] Gn 2, 18: *No es bueno que el hombre esté solo.*

De la fragilidad y accidentalidad del hombre testifica especialmente el verbo usado por el Autor del texto yavista. No siempre sabemos percibirlo. He aquí Dios *forma* al hombre. No obstante este verbo no procede de la estatuaria, no significa esculpir ni tallar; procede de la alfarería: y significa *formar* las vasijas u otros objetos por el alfarero. Lo que hay que recordar es que si al alfarero, por cualquier razón, no le complace su obra, la destruye, aniquila, y hace otra que le satisface.

Etimológicamente el hombre (*Adán*) se deriva de *adamah*, que en hebreo quiere decir *tierra*, *suelo*, *polvo de la tierra*, es decir pertenece a la tierra. No obstante existe en él un elemento divino, lo cual el Autor refleja a través del *soplo (o insuflo)* divino[40]. Este elemento lo distingue de las demás criaturas, y lo coloca como un puente entre lo divino y lo terrenal. Para él Dios crea el mundo, lo ordena y se lo entrega a su dominio, lo cual expresa el hecho de llevar los animales al hombre para que él les ponga los nombres.[41] Vale la pena darse cuenta que Dios no forma al hombre en el sentido de varón, sino al ser humano como tal. Tan sólo después se "ejecuta" la división en el sexo, lo cual repite también el Gn 5, 2: *El día en que Dios creó a Adán, le hizo a imagen de Dios. Los creó varón y hembra, los bendijo, y los llamó «Hombre» en el día de su creación.* Aquí la Biblia no nos deja espacio para las divagaciones sobre quien es más importante, ¿varón o mujer?, ya que el sexo es "posterior" a lo humano.

Al hablar sobre esto, sería bueno añadir aún, que muchos malentendidos en este ambiente preciso, para los de habla española son provocados por la específica del idioma. En español la palabra *hombre* significa tanto *varón* como *ser humano.* Por lo tanto al interpretar los textos de la creación es mejor basarse en las traducciones que lo toman en cuenta y se abstienen de la palabra *hombre* a favor de *ser humano.*

La excepcionalidad del ser humano y al mismo tiempo la igualdad de la dignidad del varón y la mujer las expresa aún más el Hexaemeron en una misteriosa formulación: *Hagamos al ser humano a nuestra imagen, como semejanza nuestra.*[42] Nuestro asombro lo provoca ya la primera palabra, o mejor dicho su categoría gramatical, su uso en el número plural. Para unos es el llamado plural mayestático[43], para otros la expresión de la trialidad de Dios y para otros, por fin, la acentuación de la magnitud y la transcendencia del momento. La creación del hombre no se efectúa en un simple encadenamiento de los actos creativos, sino después de una "reflexión": *¡hagamos!* A ésta la sigue: *a nuestra imagen* (selem[hebr.], eikon[gr.], imago[lat.]) *y semejanza* (demuth[hebr.], homoiosis[gr.], similitudo[lat.]). Esta formulación durante siglos inquietaba a los teólogos ansiosos para descubrir su sentido "práctico". La mayor parte de los Padres del Occidente interpretaban la *imagen* y la *semejanza* como sinónimos, paralelismos, acentuando la *imagen.* Mientras tanto los Padres Orientales, y también san Agustín, interpretaban, por lo general, la imagen en el sentido ontológico, es decir como algo propio del ser del hombre, que existe incluso después del pecado, y la semejanza en el sentido sobrenatural, como el parecido moral y "actuativo", destruido totalmente por el pecado. Esta diferenciación se origina en el pensamiento de s. Ireneo de Lyon

---

[40] Gn 2, 7.

[41] *Poner nombre a algo significa ejercer su autoridad y dominio sobre esa cosa.*

[42] Gn 1, 26.

[43] *En la lengua "hablada", o en la escrita, el plural mayestático (del latín pluralis maiestatis: 'plural de majestad') consiste en referimiento a uno mismo, sea hablante o escritor, mediante uso de la primera persona del plural. En español, en lugar del pronombre nosotros normalmente se usa nos. Este uso estaba difundido extensamente en la Antigua Roma y ha perdurado en la tradición de muchos países como expresión formal. En especial han sido los Reyes y Papas (de aquí el nombre de mayestático, perteneciente o relativo a la majestad) quienes han usado esta modalidad expresiva, en tanto que se le vincula con la «imagen» de la institución. Su uso más común es para dar a entender excelencia, poder o dignidad de la persona que habla o escribe (En: es.wikipedia.org/wiki/Plural_mayestático).*

(+ ca. 202) que oponiéndose a la gnosis diferenció entre la imagen natural y la semejanza sobrenatural.[44] Sin entrar en el campo de discución podemos afirmar brevemente que la imagen de Dios se revela en el hombre a través de su inteligencia, el razonamiento y los sentimientos, es decir a través de su personalidad, de todo lo que enaltece al hombre ante todas las criaturas y lo hace "desemejante" al mundo creado. En consecuencia, el hombre como persona puede ser "cooperante" o "copartícipe" de Dios, puede dialogar con Él y mantener la íntegra comunión. La persona Divina y la humana tienen, por decirlo así, la semejante estructura, vida, "yo", transcendencia para con el mundo material y la inexpresable gloria de ser. Por lo tanto ser *imagen* de Dios significa la más perfecta, sobrematerial genealogía del hombre y su personal vinculación con su "Fuente".[45]

No obstante, parece que al tratar el tema de la imagen y semejanza, nos concentramos demasiado en la pregunta sobre que significaría y en que concerniría dicha semejanza. Mientras tanto casi totalmente se nos pierde el aspecto dinámico de esta formulación, es decir su significado funcional. Nos enfocamos en la pregunta en qué "se parece" el hombre a Dios. En cambio no reflexionamos suficientemente sobre el contenido y la significación de la misma idea de la imagen y semejanza. Con otras palabras: Preguntamos en qué se revela la idea y semejanza, y no ponemos la misma importancia a la pregunta qué ella significa, en el sentido de qué supone e implica ser la imagen y semejanza de Dios. En este campo podemos comprender mucho más al usar las premisas de la llamada teología del ícono de las Iglesias Ortodoxas, donde el ícono representa en el sentido propio y estrecho la realidad divina y la "sustituye" mediante su significación. Por ende el ícono no es una simple imagen en nuestro sentido popular, sino más bien la realidad misma representada a través de él. Al contemplar el ícono podemos entrar en el contacto directo con esta realidad. Así deberíamos comprender el pasaje de la creación del hombre a la imagen y semejanza de Dios. El hombre no tanto se parece en una u otra habilidad a Dios (aunque eso también) sino sobre todo representa a Dios en la tierra, es su legado en el mundo creado, que ejerce por delegación algunas de sus facultades. Y precisamente este aspecto encontró después su pleno enfoque en la enseñanza de Jesucristo: *Vosotros, pues, sed perfectos como es perfecto vuestro Padre celestial.*[46] Y mucho más todavía: *Y el Rey les dirá: "En verdad os digo que cuanto hicisteis a unos de estos hermanos míos más pequeños, a mí me lo hicisteis".*[47] Además tenemos aquí una pista más para comprender la idea de crear al hombre a la imagen y semejanza divina, la misma que encontramos desarrollándose en toda la historia de la salvación: el rol de los pobres y la necesidad de cuidar de ellos. Muchos preguntan: ¿Por qué en la Palabra de Dios existe tan fuerte concentración en los pobres, hasta su exaltación: *Bienaventurados los pobres de espíritu, porque de ellos es el Reino de los Cielos?*[48] ¿Por qué debemos poner tanta atención en los pobres? Claro que el amor y la misericordia forman aquí una parte importante de la respuesta, sin embargo todo ello tiene su fuerte anclaje absoluto, sin lo cual podría ser muy fácilmente relativizado: Los pobres de espíritu son imagen más pura de Dios. Debemos prestarles toda nuestra atención porque sobre todo ellos representan a Dios en la tierra. Pero ¿por qué los pobres y no los ricos? Y precisamente aquí nos ayuda el acto de la creación, en el cual Dios "miró hacia afuera" de sí. Los pobres de espíritu no están contagiados por el egoísmo y la envidia, y están más abiertos hacia afuera, hacia otros, así como el Creador abierto "hacia afuera" de su divinidad creó el mundo. Quien se cierra y ciega,

[44] Bartnik 1, p. 306.
[45] *Ibíd*, p. 307.
[46] Mt 5, 48.
[47] Mt 25, 40.
[48] Mt 5, 3.

como es con la consecuencia del pecado, niega la semejanza divina en si. Por eso el Hijo de Dios al encarnarse eligió la familia pobre, y nació en las condiciones de la extrema pobreza, y por esta misma razón acentuaba el papel de los pobres. Todo eso para recordar que el hombre siempre debe ser consciente de ser imagen (ícono) de Dios y por la misma razón tratar a otros con el debido respeto. Mientras tanto los judíos, fieles a la idea de su elección, durante siglos se concentraron en la presencia de Dios; primero en la tienda del encuentro y después en el templo de Jerusalén donde estaba el Nombre de Dios.[49] La idea de la presencia de Dios en el hombre tuvo que bajar al segundo plano. En el tiempo del Nuevo Testamento recobró su vigor encontrando su culminación y perfección en el acto de la encarnación del Hijo de Dios, y más tarde formó el fundamento de la actuación de los santos más famosos, como por ejemplo san Francisco de Asís y la Madre Teresa de Calcuta. Sin embargo la idea de la imagen y semejanza se quedó más bien en el campo moral y no dogmático, ya que, mal llevada, se hubiese podido contradecir con la doctrina de la gracia. Dicha doctrina desde el siglo V pareció no tomar en cuenta las facultades poseídas por el hombre a través del acto de la creación a la imagen y semejanza, es decir "inscritas" en la misma naturaleza humana, o las vio perdidas a causa del pecado original, y así todos los elementos de la vida buena y justa los consideró como consecuencia de los "externos" actos de la gracia de Dios. Nada bueno viene del hombre. Todo bueno viene de Dios. Como lo podemos notar, en este campo todavía hay mucho para descubrir...

Sin embargo, al hablar de la grandeza y la excepcionalidad del hombre que no se nos pierda de vista un elemento muy importante. El *mandar* o *tener autoridad* sobre el mundo creado, de lo cual habla el Libro del Génesis, se realiza, por orden divino, sujeto a una indiscutible condición, a la obediencia a una ley transcendental: no usurpar derechos a lo divino. *Puedes comer todo lo que quieras de los árboles del jardín, mas del árbol de la ciencia del bien y del mal no comerás.*[50] La libertad humana tiene su límite absoluto. En cualquier circunstancia, de ningún modo el hombre puede decidir lo que es bueno y malo. Puede únicamente aceptar la decisión divina al respecto. En el caso contrario se produce una ruptura de la estrecha vinculación, se efectúa algo como contradicción óntica (del ser). Este es el verdadero núcleo de lo que la teología llama *pecado original.* La temática del pecado original es de suma importancia, sin embargo a causa de su volumen muy amplio, dejémosla para otra ocasión.

Es decir ¿la libertad no significa que uno puede hacer lo que quiere?

Así la interpretan algunas corrientes de la contemporaneidad, sin embrago no es así. La Biblia en los primeros capítulos del Libro del Génesis, fuera de los elementos relacionados con lo divino, nos presenta también algo como compendio de lo humano, es decir demuestra el fundamento de la antropología. En este caso nos dice que el hombre es un ser libre, pude hacer lo que quiere, pero dentro de los límites. En otras palabras: en el mundo humano no existe libertad absoluta, la cual es prerrogativa únicamente divina. Ejerciendo su libertad el hombre puede incluso decir "no" a Dios. Y esto lo llamamos pecado. Sin embargo nunca le es permitido decidir de lo que es bueno y malo, porque al hacerlo provocaría la incontrolable avalancha de las consecuencias. Este proceso lo refleja perfectamente la Biblia.[51] Este es el "contenido" del pecado original. Este es el significado de arrancar y comer el fruto del árbol del conocimiento del bien y del mal. Démonos

---

[49] 1Re 8, 29.
[50] Gn 2, 16-17.
[51] Gn 3, 16-19.

cuenta que casi todas las revoluciones comenzaban siempre con el derrumbamiento de la moral tradicional. Ya no era bueno lo que era bueno, sino lo que se haya decidido, lo que le sirviera a la revolución. Lo mismo con lo malo. Relativizar el bien y el mal es lo peor que se puede hacer, es el fundamento y origen de todos los pecados. Además, si hablamos ahora de la pecaminosidad del hombre, démonos también cuenta de que la Biblia explica el "mecanismo" del nacimiento del mal en el mundo cuando narra la escena de la tentación. En este mecanismo al principio siempre aparece la provocación basada en la introducción de la contradicción (antítesis) en el proceso de pensar y de percibir la realidad. Podríamos decir que ella es el primer impulso que consiste en perturbar el equilibrio y la paz interior relacionados con la cercanía con Dios: *¿Cómo es que Dios os ha dicho: No comáis de ninguno de los árboles del jardín?*[52] Si alguien se deja inquietar, se hace a la vez vulnerable a las siguientes influencias del tentador, y el peligro de caer se hace muy real. La única respuesta correcta es falta de cualquier respuesta. La realidad y nuestra experiencia confirman este principio. El diálogo con el tentador lleva a la perdición.

¿Es correcto sacar la conclusión que la mujer es culpable del pecado original?

Esta conclusión es errónea en su misma esencia. Culpar a la mujer es como ir por el atajo y en consecuencia perder el camino correcto. La única "culpa" de la mujer se encuentra en su bondad y su disposición natural de defender la armonía divina. Lastimosamente, a causa de la específica del mecanismo de la tentación, esta bondad puede ser usada en contra de la humanidad. Por ende hay que aceptar que existen situaciones en las cuales la mejor opción es no permitirse provocar. Con el mal no se debate. Tal vez esto, como un eco, se encuentra en el fondo de las palabras del mismo Jesucristo: *No deis a los perros lo que es santo, ni echéis vuestras perlas delante de los puercos, no sea que las pisoteen con sus patas, y después, volviéndose, os despedacen.*[53] La mujer como tal no tiene aquí ninguna culpa. Culpable aquí es la falta de prudencia.

Ya que emergió aquí de vuelta el tema de la mujer, aclaremos por lo tanto muchos malentendidos que al respecto surgen a causa de la lectura de Gn 2, 21-24, donde se habla de la creación de la mujer.

Realmente muchos interpretan el pasaje Gn 2, 21-24 de manera errónea, como si mujer fuera alguien inferior al varón, creada únicamente para ayudarlo. Los que confiesan la inferioridad de la mujer dicen: "¡Pues está escrito!" ignorando completamente la verdadera elocuencia del texto y el significado de su mensaje. Para capturarlos correctamente, primero hay que darse cuenta de la realidad cultural de aquellos tiempos, en la cual la mujer no gozaba de mucha importancia social y de respeto. Su papel fue servir al hombre o ayudarlo. En este ambiente el Autor inspirado por Dios quiso transmitir una idea completamente distinta, incluso revolucionaria. Si lo hubiera hecho de manera directa, hablando con rectitud sobre la grandeza de la mujer y su igualdad en la dignidad con el hombre, seguramente la más popular reacción de los oyentes hubiera sido chistes y risas. Por eso el Autor escogió otra posibilidad, algo como el desembarco de las tropas en la retaguardia del enemigo. Tejió un cuento, y lo hizo de tal manera para que los oyentes, especialmente los hombres, se comprometieran con su trama, para que la tomaran como algo propio de ellos, para que, por fin, totalmente convencidos pudieran exclamar junto con el hombre del texto: *Esta sí es hueso de mis huesos y carne de mi carne* [54], lo cual quiere decir: es igual a mí. Parece que todo el texto fue construido para esta frase. Incluso la misma denominación nos viene

52 Gn 3, 1.
53 Mt 7, 6.
54 Gn 2, 23 (Biblia Latinoamericana).

aquí con su ayuda, aunque lamentablemente no se lo percibe en español. El hombre después de exclamar su aprobación, añadió: *Esta será llamada mujer, porque del varón ha sido tomada.*[55] Al escuchar o al leer esta frase, no tenemos la mínima idea de la vinculación lingüística de sus componentes. En cambio al leerla en la traducción de la Biblia Latinoamericana: *Esta será llamada varona porque del varón ha sido tomada*, sonreímos frente a la palabra rara y artificial *varona.* Mientras tanto precisamente así se puede reflejar el núcleo del asunto expresado por el Autor del texto. En hebreo varón es *ish*, y la mujer es *isha.* Esta será llamada *isha* porque de *ish* ha sido tomada. Lo cual quiere decir que incluso la denominación confirma la igualdad.

Además, no fue coincidencia el uso de la costilla sacada del hombre para formar la mujer. La costilla en hebreo es *sela* y significa exactamente *elemento de construcción*, *viga* o *larguero*, lo cual aún más subraya la identidad esencial del hombre y la mujer.[56]

Una cierta consumación de la problemática se encuentra en el versículo 24: *Por eso deja el hombre a su padre y a su madre y se une a su mujer, y se hacen una sola carne.* Aquí no solo la igualdad sino también la unidad del hombre y la mujer parecen llegar al primer plano. Para nosotros ésta es la principal base bíblica del matrimonio, sin embrago puede además expresar una idea de "bipolarización" del ser humano. Las huellas de esta idea las encontramos también más tarde en el pasaje del capítulo 5, ya citado: *Los creó varón y hembra, los bendijo, y los llamó «Hombre» en el día de su creación*[57], y en el Heksaemeron: *Creó, pues, Dios al ser humano a imagen suya, a imagen de Dios le creó, macho y hembra los creó.*[58] La "bipolarización" significaría que el ser humano, como tal, es el hombre y la mujer juntos. Sin embargo esta idea no ha encontrado hasta ahora su espacio respetuoso en la reflexión profundizada y sistematizada. Da pena, porque tal vez esto podría servir hoy de contrapeso para con el derramamiento de la ideología del gender.

Escuché hablar que según algunos teólogos antiguos la sexualidad del hombre, es decir del ser humano es la consecuencia del pecado original.

Se trata de Orígenes, san Gregorio de Nissa, de los más antiguos pensamientos de san Agustín y de algunos teólogos más, apoderados del pensamiento platónico, extraño a la revelación bíblica, que no tanto de manera directa sino más bien en forma de las alusiones parecían suponer que la sexualidad es una degradación penal del ser humano al mundo animal, a causa del pecado original. Al principio había de existir, según ellos, el ser humano "como tal", "general", es decir "Adán", quien habría de multiplicarse de modo espiritual, a semejanza de palabra. Su primer descendiente habría de ser Eva, creada de Adán y "a semejanza" de Adán.[59] Su sexualidad hubiera de formarse solo después, cuando "conocieron que estaban desnudos"[60]. La reproducción humana de manera material y biólogicamente animal se la trataba en algunos ambientes de la antigüedad como algo humillante, "extraño" a la pureza divina. Hasta hoy percibimos ecos de ese tipo de pensar. Mientras tanto la Biblia no ultraja la condición corporal humana, sino la trata como un elemento de la creación universal, como un don de Dios, lo cual recordó Jesucristo: *¿No habéis leído que el Creador, desde el comienzo, los hizo varón y hembra, y que dijo: Por eso dejará el hombre a su*

[55] *Ibíd* (Biblia de Jerusalén).
[56] Bartnik 1, p. 258-259.
[57] Gn 5, 2; *Hombre en el sentido de ser humano.*
[58] Gn 1, 27.
[59] 1Co 11, 7-10.
[60] Gn 3, 7.

padre y a su madre y se unirá a su mujer, y los dos se harán una sola carne? De manera que ya no son dos, sino una sola carne. Pues bien, lo que Dios unió no lo separe el hombre.[61]

El sexo es para la procreación, sin embargo no se limita únicamente a ella, ya que no se lo puede encerrar únicamente en el campo biológico. En el caso del ser humano llega a ser algo mucho más sublime que en el caso de los animales más desarrollados, porque en él recibe la dimensión personal. Lo enriquece, sirve a su existencia, llega a ser uno de los temas básicos de su vida psíquica y espiritual, y además de su múltiple actividad, creatividad, incluso en el campo de la poesía, y, por fin, es germen de su vida social.[62] No es solo un hecho de nacimiento, sino algo que se desarrolla, forma y realiza durante toda la vida. Como tal es algo bueno y querido por Dios. En el Catecismo de la Iglesia Católica podemos leer: *El hombre y la mujer son creados, es decir, son queridos por Dios: por una parte, en una perfecta igualdad en tanto que personas humanas, y por otra, en su ser respectivo de hombre y de mujer. "Ser hombre", "ser mujer" es una realidad buena y querida por Dios: el hombre y la mujer tienen una dignidad que nunca se pierde, que viene inmediatamente de Dios su creador (cf. Gn 2,7.22). El hombre y la mujer son, con la misma dignidad, "imagen de Dios". En su "ser-hombre" y su "ser-mujer" reflejan la sabiduría y la bondad del Creador.*[63]

Y una cosa más. En los textos bíblicos de la creación del Génesis dedicados a Adán y Eva, se puede encontrar lo que ya mencionamos, y lo que hoy llamamos teología de matrimonio. El varón y la mujer no fueron creados uno al lado del otro, como seres independientes en forma absoluta, o incoherentes, sino en la relación personal uno hacia otro. Fueron creados a la vez[64], uno para el otro, como negación de la soledad, como ayuda mutua, complementarios en cuanto masculino y femenino[65], y para la cooperación con Dios en el acto de la transmisión de la vida.[66] No obstante hay que recalcar que no se trata aquí de una simple unión biológico-funcional de los representantes de ambos sexos sino de unión, o mejor unidad, transcendente para con la naturaleza y la especie. Se trata del matrimonio que se deriva de la naturaleza y tiene carácter de sacramento divino desde el mismo principio.[67] Aunque el matrimonio como tal está entrañado en la estructura del ser humano, sin embargo el matrimonio concreto es también obra de la mente, de la libertad, de la búsqueda, del amor. Comprendido así llega a ser familia gracias a los hijos, que nacen en su seno. De esta manera la entrega mutua del varón y mujer encuentra una nueva perspectiva. Juntos se abren hacia su descendencia, y a través de ello hacia la humanidad. Así, por fin, se manifiesta más completamente la imagen y semejanza de Dios.

Muchos hoy preguntan si de verdad al principió existió una sola pareja.

Parece que lo que es más difícil de aceptar para la gente común, es la posibilidad de que Adán y Eva como personas precisas no existieron. Es aún más complicado que reconocer la verdad sobre los seis días de la creación. No obstante casi todo lo confirma. Incluso sus nombres no son nombres en nuestro sentido. Son más bien "nombres" comunes. Recuerdo que *Adán* se deriva de *adamah*, que en hebreo quiere decir *tierra*, *suelo*, *polvo de la tierra*, es decir pertenece a la tierra, y que según Gen 5, 2 significa varón y mujer juntos, es decir *ser humano*. Mientras el "nombre" *Eva* (*jawwah*) es explicado por la raíz *jayah*, que significa *vivir*. Dice la Biblia: *El hombre llamó a su mujer*

[61] Mt 19, 4-6.
[62] Bartnik 1, p. 312.
[63] CCE 369.
[64] Gn 1, 27.
[65] Juan Pablo II, *Mulieris dignitatem*, 7.
[66] CCE 371-373.
[67] Bartnik 1, p. 316.

Eva por ser ella la madre de todos los vivientes.[68] El Autor del texto inspirado por Dios no usurpa presentar la historia de la primera pareja, sino habla de los mismos comienzos de la humanidad, representada aquí por hombre y mujer. Fijémonos que el texto más tardío, es decir el Hexaemeron ya no habla nada sobre ninguna pareja. Habla únicamente de la duo-sexualidad de la humanidad. Además, al aceptar nuestra procedencia de una sola pareja, tendríamos que reconocer a la vez que esta procedencia es de carácter incesto. Démonos cuenta, por tanto, que ni los mismos textos del Génesis se concentran mucho en la pareja, como únicos representantes de la humanidad, es decir no ponen mucho interés de ser comprendidos así. Encontramos pues el pasaje que directamente sugiere la existencia de otras personas. Es el momento cuando Dios dicta la sentencia contra Caín por haber matado a su hermano. Caín contesta:

Mi culpa es demasiado grande para soportarla. Es decir que hoy me echas de este suelo y he de esconderme de tu presencia, convertido en vagabundo errante por la tierra, y cualquiera que me encuentre me matará.» Respondióle Yahveh: «Al contrario, quienquiera que matare a Caín, lo pagará siete veces.» Y Yahveh puso una señal a Caín para que nadie que le encontrase le atacara.[69]

No obstante hay que añadir que otro es el punto de vista teológico. Teológicamente la humanidad procede de una sola pareja, heredando así *por propagación*[70] la culpa del pecado original. Este es el único obstáculo para poder reconocer la procedencia de la humanidad de muchas parejas. Pero este es un asunto para la conversación aparte.

Creciendo en el ambiente de la Iglesia Católica, se nos enseñaba sobre las almas, como las que siguen vivas a pesar de la muerte del cuerpo. Sin embargo con el tiempo nos dimos cuenta que no todos comparten esta fe e incluso rechazan la existencia del alma. ¿Por qué en este caso hay tantas diferencias?

Las diferencias nacen aquí, como en casi todos los casos, de la distinta interpretación de la Palabra de Dios. Además en este caso preciso son sostenidas por una firme resistencia para con la posibilidad de la evolución del significado de los términos usados en la Biblia, y apoyadas con un categórico rechazo de las influencias externas. De modo más fácil podemos decir que los que rechazan la existencia del alma en el sentido presentado por la Iglesia Católica, lo hacen porque están convencidos que el significado de la palabra *alma* usada en las páginas de la Biblia del Antiguo Testamento no debe cambiar, que debemos ser fieles al significado primitivo de este término ya que el cambio que tuvo lugar fue provocado por las influencias filosóficas, a las cuales hay que rechazarlas, etc. Sin embargo dejemos esta argumentación por un tiempo a un lado para primero concentrarnos en la misma exposición de la problemática.

El Catecismo de la Iglesia Católica nos recuerda: *La persona humana, creada a imagen de Dios, es un ser a la vez corporal y espiritual.*[71] Esto quiere decir que cuando un cristiano habla sobre el hombre (ser humano), siempre distingue en él el *cuerpo* y el *alma.* Aunque desde los años setenta del siglo XX hablar sobre el alma ya no es "de moda", sin embargo eso no cambia la verdad que el hombre es algo más que el cuerpo, es decir la materia. Casi toda la historia humana parece confirmar una profunda convicción universal que la muerte, aunque marcada por la descomposición del cuerpo, no aniquila la existencia humana. Disponemos de un creciente número de los descubrimientos

---

68 Gn 3, 20.
69 Gn 4, 13-15.
70 DH 1513.
71 CCE 362.

arqueológicos, que lo ratifican. El mundo bíblico no se distingue del mundo "externo", sin embargo el problema del alma o de la inmortalidad lo presenta en la luz de la revelación divina, purificándolo e independizándolo de elementos ajenos. Hay que aclarar, y por justicia recalcar, que el término *alma* fue sometido a un largo proceso de cristalización, encontrándose por mucho tiempo bastante lejos de su significado contemporáneo, de ser un elemento componente al ser humano. ¿Por qué no debemos desanimarnos ni escandalizarnos frente a eso? Lo explicaré más tarde.

La Biblia y la tradición cristiana se sirven aquí de dos términos: *alma* (nefesh$^{hebr.}$, psykhe$^{gr.}$, anima$^{lat.}$) y *espíritu* (ruah$^{hebr.}$, pneuma$^{gr.}$, spiritus$^{lat.}$). En cierto sentido ambos pueden ser sinónimos, sin embargo emergen de dos fuentes. El alma se relaciona más o menos con la imagen del aliento, del aliento de vida, del ser viviente, o de la vida misma[72]; el espíritu tiene como base soplo, soplo de viento, respiración.[73]

No nos debe sorprender que el contenido significativo de ambos términos fue formado hasta hoy a través de las filosofías dominantes. Más le debemos aquí al pensamiento helénico y helenístico, modelado en este caso, sobre todo en la tradición órfica[74], pitagórica[75] y platónica. En el seno de ese pensamiento se desarrolló una idea extraordinaria del alma como chispa de la luz celestial, eterna, divina, espiritual, sustancial e inmortal.[76]

Los mencionados términos veterotestamentarios: *nefesh* y *ruah* abarcaban todos estos elementos significativos. Ambos tenían procedencia divina y como tales constituían al hombre, vivificaban su cuerpo y le permitían actuar.

El Nuevo Testamento heredó la terminología veterostestamentaria, no obstante nos perimitió verla en una luz nueva, descubriendo así un poco más de su misterio; y este misterio se aclara mejor en comparación con el cuerpo. En el Antiguo Testamento el alma solía ser identificada con la vida. Aquí es algo más, que no se somete al poder de la muerte.[77] El *cuerpo* significa aquí el mundo terrenal, temporalidad, historia de la creación, protología; el *alma,* en cambio, el mundo celestial, eternidad, historia de la salvación, escatología. El cuerpo representa al hombre "alfal"[78], concreto, hombre "ya"; el *alma*, en cambio, al hombre "omegal"[79], encargado, al hombre "aún no". El *cuerpo* es como una palabra, el *alma* como su significado.[80] El cuerpo, como imagen del universo, es de estado inferior, marcado por la debilidad. El alma, como símbolo del mundo celestial, es de estado superior, dotada por el poder y la infinidad. Y precisamente el alma, como lo interior del hombre, se abre hacia la comunión con Dios. Aunque ambos elementos, el cuerpo y el alma, se inclinan hacia los polos opuestos, no obstante no se los debe tratar como mutuas negaciones o contraposiciones, ya que ambos "componen" una sola persona humana. Sin embargo la historia del pensamiento teológico cristiano demuestra distintas maneras de tratar este problema. El cuerpo hubiera de ser un foco del mal, y el responsable de este; y el alma un motor hacia el bien.

---

[72] *Alma*, en: X. León-Dufor, *Vocabulario de teología bíblica*, Barcelona 2001.
[73] Espíritu, en: *Ibíd.*
[74] http://es.wikipedia.org/wiki/Orfismo; 20.12.2014.
[75] http://es.wikipedia.org/wiki/Pitagóricos; 20.12.2014.
[76] Bartnik 1, p. 382.
[77] Mt 10, 28; Lc 12, 4-5.
[78] *De A (Alfa), primera letra del alfabeto griego.*
[79] *De Ω (Omega), última letra del alfabeto griego.*
[80] Bartnik 1, p. 383.

Hoy en día nos damos cuenta de que tal abarcamiento del asunto fue más bien un efecto de influencias no filtradas de la filosofía platónica, que rasgaba al hombre en dos elementos opuestos. Mientras tanto la corriente hebreo-judía trataba al hombre de manera más total, como una unidad. *Cuerpo, alma, corazón*, no eran tanto distintos elementos del hombre sino más bien sus aspectos. Sin embargo, por otro lado, esto no nos autoriza aún para afirmar con seguridad que según esa corriente el alma como tal no existe, que el hombre dura únicamente hasta el límite de la muerte, y después deja de existir. Nos lo impide, por ejemplo, el saber que en la religión y la mentalidad de Israel estuvo presente la idea de Sheol[81]. Aunque al principio significaba apenas un marco que reunía las sombras de existencia, que eran los muertos, sin valor y sin alegría[82], con el tiempo comenzó a significar un lugar de estancia de los difuntos en la espera a la llegada del Mesías. Podemos debatir si los israelitas lograron a descubrir el concepto del alma en el sentido de hoy antes de la venida del Mesías, pero no podemos tener dudas si creyeron o no en la "vida" después de la muerte. El cómo lo llamaron el elemento "responsable" de la prolongación de la existencia pasado el umbral de la muerte, es una cuestión de segundo plano. Lo seguro es que con el tiempo comenzaron a abrirse a lo elaborado en otro ambiente cultural, especialmente griego, adaptándolo a la transmisión de la fe.

Las influencias helenísticas, presentes ya en el Libro de Sabiduría[83], se hicieron ver aún más en los textos del Nuevo Testamento, especialmente en las páginas de las cartas de san Pablo, quien se percataba más del dualismo existente en el hombre. Por un lado tanto el alma como el cuerpo están unidos estructuralmente formando un solo hombre, pero por otro propenden a las realidades opuestas provocando una continua lucha interna. El alma (elemento espiritual) acerca al hombre a Dios, y el cuerpo lo aleja de Él.[84]

Alguien podría decir que el Nuevo Testamento está marcado demasiado por las influencias filosóficas y reclamar su "purificación" a través de su rechazo, como a los elementos ajenos a la revelación divina. Sin embargo olvidan un factor esencial. El mismo hecho de encontrarse un componente en la Biblia inspirada por Dios significa, que Dios quiso que allá se encontrara, y que formara parte del lenguaje de la revelación. Dios exponía su mensaje en el seno del pueblo elegido, pero preparaba la base para ello, es decir los términos, conceptos y su comprensión, también fuera de él. Manifestar algo distinto sería limitarlo a Dios.

¿Cómo, por ejemplo, expresar el contenido de lo que Jesús realzó en la conversación con los saduceos: *Yo soy el Dios de Abraham, el Dios de Isaac y el Dios de Jacob? No es un Dios de muertos, sino de vivos?*[85] ¿De qué manera Abraham, Isaac y Jacob siguen siendo vivos?

Sin la creencia en la vida después de la muerte hubiera sido totalmente incomprensible para los oyentes la parábola del rico y del pobre Lázaro.[86] Y las palabras dirigidas desde la cruz por Jesús al buen ladrón: *Yo te aseguro: hoy estarás conmigo en el Paraíso*[87] no tendrían ningún sentido.

No olvidemos que Dios se revelaba gradualmente al hombre, siempre al nivel de su capacidad de comprender. No introducía nuevos conceptos "desde el cielo", no imponía términos nuevos.

---

[81] http://es.wikipedia.org/wiki/Sheol; 20.12.2014.
[82] Infierno, infiernos, en: X. León-Dufor, *op. cit.*
[83] Sb 3, 1; 9, 15.
[84] Rom 7, 14-25; 8, 1-13.
[85] Mt 22, 32; Lc 20, 38.
[86] Lc 16, 22-31.
[87] Lc 23, 43.

Todo lo preparaba "desde abajo". De otra manera no hubiera podido ser comprendido, no por alguna falla de su parte, sino por la limitación del hombre. Recordemos aquí por lo menos la doctrina de la divinidad del Hijo de Dios, y más aún, de la Santísima Trinidad, que "nacía" lentamente, junto a la maduración de la humanidad, uno tras otro elemento, siempre precedidos por la aparición y formación de los términos necesarios para ello.

Teniéndolo todo en cuenta, podemos con toda seguridad afirmar, que la existencia del alma, es revelada por la Palabra de Dios.

Reconocemos la existencia del alma, no obstante nace la pregunta: ¿De qué manera el alma se une con el cuerpo?

Primeramente aclaremos que según la teología católica, cada alma es creada independientemente por Dios para "su" cuerpo. Incluso si un teólogo se inclina hacia la aceptación del evolucionismo debe considerar que el alma es creada directamente por Dios.[88]

Si se trata de la "vinculación" del alma con el cuerpo, generalmente en la teología se formó una opinión que tiene sus raíces en el platonismo y aristotelismo, que el cuerpo y alma constituyen la unidad diádica[89], es decir la unidad del ser humano "compuesto" del cuerpo y alma.

Según la corriente platónica el vínculo del alma con el cuerpo es accidental, innecesario, temporal y no enriquecedor. El cuerpo habría de ser como un arca en las aguas del diluvio, o como un oasis en el desierto del mundo.[90] En el aspecto moral el cuerpo habría de verificar el valor del alma, y por otro lado ser camino hacia alcanzar virtudes.

La diversidad del alma y cuerpo, y a la vez su unidad, fue expuesta de la mejor manera por la teoría aristotélica de *hilemorfismo*[91] (hile – materia, morfe – forma), según la cual la unión del alma y el cuerpo es tan estrecha como en el caso de la materia prima, que no puede existir sin la forma, ya que sin ella se quedaría como un "ser" potencial. El pensamiento de Aristóteles fue acogido por santo Tomás de Aquino (1225-1274), quien vio al ser humano como una *unidad compuesta* (*unum compositum*) por el alma y el cuerpo. Así lo vemos también nosotros. Aduciendo las declaraciones del Concilio de Vienne del año 1312, el Catecismo de la Iglesia Católica dice: *La unidad del alma y del cuerpo es tan profunda que se debe considerar al alma como la "forma" del cuerpo (cf. Concilio de Vienne, año 1312, DS 902); es decir, gracias al alma espiritual, la materia que integra el cuerpo es un cuerpo humano y viviente; en el hombre, el espíritu y la materia no son dos naturalezas unidas, sino que su unión constituye una única naturaleza.*[92] Esto quiere decir que tanto el uno como el otro son sustancias incompletas, no-totales o parciales, con una restricción: El cuerpo humano, en su sentido pleno, no puede existir sin el alma, mientras el alma puede existir sin el cuerpo como autónoma, como una continuidad del yo, como la base de la identidad del individuo humano.

Esta perspectiva nos ayuda a comprender y, a la vez, explicar la cuestión de la resurrección. Precisamente ese elemento de la continuidad nos permite hablar sobre la resurrección en su sentido estricto, como algo concerniente al mismo ser humano. En cambio cuando se niega la

---

88 CCE 366; DH 3896 (Pio XII, *Humani generis*).

89 *Díada: Pareja de dos seres o cosas estrecha y especialmente vinculados entre sí (Real Academia Española),* en: http://lema.rae.es/drae/?val=díada; 17.12.2014.

90 Bartnik 1, p. 392.

91 http://lema.rae.es/drae/?val=hilemorfismo; 17.12.2014.

92 CCE 365.

existencia del alma, desaparece el elemento de la continuidad, y en el momento de la muerte se produce una interrupción de la existencia. Después surgen problemas de naturaleza esencial: ¿Será el mismo ser humano en el momento de la resurrección si en el momento de la muerte dejó de existir? ¿La resurrección no sería más bien una nueva creación? Y si fuera así ¿cuál sentido tendría cualquier esfuerzo moral? Las preguntas y dificultades se multiplican.

A pesar de muchas discusiones, críticas y modas acerca del alma, debemos darnos cuenta que hasta ahora nadie ha propuesto un término mejor, para expresar la existencia de este elemento que hace que yo soy quien soy, independientemente si es aquí o en otro mundo. La Iglesia lo hace a través del término *alma*, confiando que este fue entregado a nuestras manos, cuando llegó el momento oportuno, como una herramienta para expresar lo más esencial de la vida humana.

No obstante no puede no nacer la pregunta si la "evolución" del significado del alma ¿no debilita la veracidad de la doctrina cristiana sobre la composición del ser humano de dos elementos?

Al responder, podríamos primero preguntarnos también nosotros si el guiamiento del Espíritu Santo *hasta la verdad completa*[93] del cual hablaba el Señor Jesús ¿concierne solo a las cosas de Dios o también del hombre? Sabemos pues que la verdad, como tal, es una sola[94], aunque de muchos aspectos. El más importante de ellos es el divino, no hay duda alguna. Sin embargo el aspecto humano lo sigue. Por lo tanto podemos contestar sin el temor de fallar, que el Espíritu Santo nos guía para que conozcamos a Dios, pero también para que conozcamos mejor a nosotros mismos y nuestra humanidad.

Según la Biblia, después de crear al hombre Dios lo colocó en el paraíso. ¿Es posible indicar hoy el lugar donde existió el paraíso?

Son muchos a quienes les gustaría saber la localización geográfica del paraíso bíblico, y hasta hoy no falta gente que intenta descubrirla. En su búsqueda parten frecuentemente de los nombres de los ríos, que aparecen en el texto: *Uno se llama Pisón: es el que rodea todo el país de Javilá, donde hay oro. El oro de aquel país es fino. Allí se encuentra el bedelio y el ónice. El segundo se llama Gijón: es el que rodea el país de Cus. El tercer río se llama Tigris: es el que corre al oriente de Asiria. Y el cuarto río es Éufrates.*[95] Aunque no hay grandes problemas con la ubicación de los dos últimos ríos, que tienen sus fuentes en los montes de Armenia, no obstante la situación se complica con los dos primeros. Incluso no hay seguridad con su identidad. El segundo río podría ser Nilo, ya que el país de Cus fue probablemente Etiopia, pero el primero es aún más misterioso. Unos[96] dicen que se trata de río Indo o Ganges, otros lo consideran puro elemento compositivo.

No obstante al buscar la ubicación del paraíso nos apartamos de la idea principal del Autor, quien, al nombrar los cuatro ríos, utilizaba más bien antiguas concepciones sobre la configuración de la tierra. He aquí los cuatro ríos grandes que son las arterias vitales de las cuatro regiones del mundo, nacen del río que tiene su manantial en el paraíso.[97] Esta concepción tiene su inmediata interpretación teológica. El paraíso existió donde llegó a la existencia el primer hombre (los primeros hombres). No importa su exacta ubicación geográfica sino el hecho, de que "la

[93] Jn 16, 13.
[94] Jn 18, 37.
[95] Gn 2, 11-14.
[96] *Tras Flavio Josefo*; en: Bartnik 1, p. 299.
[97] Gn 2, 6.

atmósfera" del paraíso fue compartida a los cuatro rincones del mundo, es decir a toda la tierra. Toda la tierra "respiraba" la cercanía de Dios, lo cual fue destruido a causa del pecado. No tanto el hombre fue expulsado del paraíso, que el paraíso, en el sentido de la dicha cercanía, dejó de existir. Otra significación posible va aún más lejos. Cuando todo va bien, cuando la Palabra de Dios es respetada y observada, cuando nadie usurpa las prerrogativas divinas, todo el mundo es paraíso. Éste se pierde y desaparece por culpa del pecado.

¿Y la muerte? Según la revelación divina el hombre es mortal o inmortal, y solo perdió su inmortalidad a causa del pecado?

Sobre el tema de la muerte hablaremos más tarde, en la segunda parte dedicada a la escatología.

La doctrina cristiana sobre la creación del mundo se basa en los textos de la Biblia. Sin embargo hay también otros textos, y aún anteriores, procedentes de la mitología de las culturas más antiguas que la judía, que hablan sobre los orígenes del mundo. ¿No debilitan ellos la elocuencia de la Biblia como la que refleja la revelación divina?

De verdad, la existencia de los mitos sobre la creación del mundo es para no creyentes un argumento de que la Biblia únicamente sigue la corriente de las culturas antiguas, es decir expresa, en este caso, las creencias de los descendientes de Abraham. Los partidarios de esta postura alegan a la vez los elementos comunes para los textos bíblicos y los mitos antiguos, afirmando que en ambos casos se trata de la fantasía o las convicciones de la gente, es decir de la iniciativa humana y no de la revelación divina en nuestro sentido. El texto más conocido en este campo es el poema babilónico escrito en el idioma acadio *Enuma Elish* (*Cuando en lo alto*), procedente probablemente de finales del II milenio antes de Cristo. Además los científicos ven en él una compilación de los mitos sumerios más antiguos todavía. El poema, escrito en siete tablillas de arcilla, intentaba dar respuestas a las preguntas concernientes a la procedencia del hombre, a su rol en el mundo y a su suerte. Al leer ya sus primeras estrofas nos da una sensación de ver algo parecido a los textos del Libro del Génesis: *Cuando en lo alto el cielo no había sido nombrado, no había sido llamada con un nombre abajo la tierra firme.*[98] Además podemos aprender que al principio existió únicamente el caos, una mezcla de aguas saladas y dulces. La tierra y el cielo fueron creados por el dios Marduk en base del cuerpo de la diosa Tiamat, partido en dos. El mismo dios creó también las estrellas, concedió el brillo al sol y a la luna, y separó el día de la noche. Por fin Marduk decidió crear al hombre. Lo hizo a través del dios Ea quien para ello utilizó el cuerpo del dios Kingu. El hombre fue creado para servir a los dioses. *Entretejeré sangre y ensamblaré huesos. Suscitaré un ser humano, Hombre será su nombre. Estará encargado del servició de los dioses; que ellos puedan estar en paz.*[99] Además existen varios poemas sobre Gilgamesh, procedentes de la primera mitad del II milenio antes de Cristo, siendo ellos probablemente copias de los mitos sumerios más antiguos.[100] En ellos podemos ver también muchos elementos parecidos a los de los textos bíblicos, como por ejemplo el símbolo del árbol, en las raíces del cual la serpiente se hizo una yacija, el acontecimiento del diluvio y otros.

Para algunos el hecho de existir semejantes textos en varias culturas debilita la elocuencia de la transmisión bíblica como mensaje inspirado por Dios, y por eso la catalogan como uno de los mitos, comprendidos como textos fantásticos de la cosmogonía inmadura. Otros, siguiendo la

---

[98] http://es.wikipedia.org/wiki/Enuma_Elish; 15.11.2014.
[99] http://www.slideshare.net/mauricioarnillas/el-poema-delacreacionenumaelish1; 15.12.2014.
[100] http://pl.wikipedia.org/wiki/Gilgamesz; 03.12.2014.

corriente, en seguida la etiquetan como cuentos de hadas, y con ello rechazan toda la doctrina de la creación del mundo. Todo esto en nombre de la supuesta contemporaneidad y modernidad. Mientras tanto todos ellos demuestran la total ignorancia del asunto. Según lo demuestran las apariencias, la fuente de error se encuentra en la distinta percepción y explicación de los mitos. Si miramos el diccionario de los sinónimos, podemos leer allá que el mito *es una narración fabulosa e imaginaria que intenta dar una explicación no racional a la realidad, (...), invención, fantasía.*[101] A esta explicación, con el acento a la irracionalidad o ficticidad, se inclina la interpretación de la palabra *mito* en el lenguaje cotidiano. En práctica eso significa que el contenido de esta palabra se encuentra muy cerca al contenido de la palabra *mentira.* Decir: *mito, mentira* o *patraña* sería en este caso lo mismo. Mientras tanto en el diccionario de la Real Academia Española en el primer lugar leemos algo distinto sobre el mito: *Narración maravillosa situada fuera del tiempo histórico y protagonizada por personajes de carácter divino o heroico. Con frecuencia interpreta el origen del mundo o grandes acontecimientos de la humanidad.*[102] Aquí no hay ninguna referencia a la verdad o la falsedad, realidad o fantasía. Sin embargo en la mentalidad popular domina la explicación anterior. Sería bueno darse cuenta de dónde viene esta perspectiva. Pues bien, la cultura moderna frente al mito se concentra en su letra, en los detalles de la narración, mientras nosotros intentamos descubrir su mensaje, es decir miramos el mito desde su aspecto funcional que era esencial. La fenomenológica concepción del mito dice que el mito es una narración que no se somete a la valoración en la lógica duovalorativa (verdad – falsedad) ya que constituyendo el fundamento del conocimiento sobre el mundo de una determinada sociedad, es también base para todas las categorizaciones.[103] Lamentablemente esto se escapa al hombre de nuestros tiempos. En conclusión, hay que subrayar que es un total malentendido mirar los mitos con la vista limitada del hombre contemporáneo común, sacándolos de su contexto cultural y social. Alguien puede quejarse, otro puede burlarse, sin embargo hasta hoy no se ha encontrado otra forma de llegar no tanto al razonar del hombre sino a su sentir. Teniéndolo todo en cuenta podemos aceptar que en la Biblia, en el Libro del Génesis, ante todo en los textos sobre los orígenes de mundo, existen las **formas míticas**, ya que también la Biblia quiere dar respuestas a las más importantes preguntas de la humanidad. Lo hace, según creemos, guiada por la inspiración divina.

Ahora podemos mirar una vez más el problema marcado al comienzo. Las semejanzas que aparecen en los mitos demuestran una consciencia, o mejor dicho subconsciencia (o incluso una sobresconciecia) universal de la humanidad, un común presentir. Llamarlo engaño universal sería un abuso. La Biblia demuestra lo que, madurando durante siglos en las culturas distintas, encontró por fin su consumación en el seno del pueblo de los descendientes de Abraham que como primero, conscientemente, entró en diálogo y cooperación con Dios.

Al hablar sobre la creación se puede oír también el término *creación continua*. ¿Qué quiere decir este término?

Primero hay que resaltar, que el término y el concepto de la *creación continua* durante siglos pertenecía únicamente al Oriente cristiano y solo allá funcionaba. En nuestros tiempos muchos ubican su contenido cerca del contenido del término *Divina Providencia*, y este a su vez es fruto de la reflexión teológica. El Catecismo lo expresa así: *Realizada la creación, Dios no abandona su criatura a ella misma. No sólo le da el ser y el existir, sino que la mantiene a cada instante en el ser, le da el obrar y la lleva*

[101] http://www.wordreference.com/sinonimos/mito; 03.12.2014.
[102] http://lema.rae.es/drae/?val=mito; 03.12.2014.
[103] http://pl.wikipedia.org/wiki/Mit; 03.12.2014.

a su término.[104] Y aún más, cuando dice: *La creación tiene su bondad y su perfección propias, pero no salió plenamente acabada de las manos del Creador. Fue creada "en estado de vía" (in statu viae) hacia una perfección última todavía por alcanzar, a la que Dios la destinó. Llamamos divina providencia a las disposiciones por las que Dios conduce la obra de su creación hacia esta perfección.*[105] Como podemos ver, tenemos aquí por lo menos dos componentes. Uno expresa la convicción de que sin el poder divino, sin su "soporte" continuo y permanente el mundo creado dejaría de existir. Otro, en cambio, acentúa el dinamismo del mundo creado, viendo en él un permanente desarrollo y perfeccionismo. Sin embargo, como ya se ha dicho, la *Divina Providencia* solamente es "cercana" a la *creación continua*, siendo esta algo más.

Para abarcar su significado, es necesario comenzar con la comprensión de su contenido en la luz de la filosofía, ya que en el entorno filosófico, y más precisamente en el estoicismo, hay que buscar sus orígenes. He aquí, según el pensamiento estóico, uno de los elementos constitutivos del mundo es el *pneuma*, es decir el aliento racional que forma (configura) y ordena el universo. Y precisamente ese pneuma en el ambiente teológico fue reconocido como *Providencia Divina*, es decir como Dios mismo que guía el universo, con todos sus aspectos, hasta la finalidad. Nada raro que la Providencia así interpretada, desde el principio estuvo vinculada con la doctrina de la creación. Dios no solo creó el mundo sino que, como ya se ha dicho, está en él, manteniéndolo y guiándolo.

Aquí podemos añadir que la Providencia solía ser identificada también con la llamada *conservación del mundo* (*conservatio mundi*), un concepto que se deriva de la convicción según la cual el transcurso del tiempo provoca la regresión y la caída de los valores. Cuanto más "lejos" del acto de la creación tanto mayores son las consecuencias. Esto a su vez exige la continua actividad divina para mantener y renovar el universo. Según algunos autores cristianos este papel de Restaurador y Renovador le corresponde a Logos, es decir al Hijo de Dios[106]. Fueron también los mismos quienes identificaban la providencia precisamente con la *creación continua*, es decir con la actividad crativa, con la conservación del mundo, con el principio del desarrollo del mundo inscrito dentro de la creación.[107]

Aquí hay que recordar que la idea de la *creación continua* en aquel entonces pertenecía únicamente al Oriente cristiano, siendo desconocida en el Occidente. Allá tampoco la representaba ni reemplazaba el contenido del término *Providencia Divina*, ya que el Occidente la veía de manera distinta. Allá era más bien algo como el plan divino, su voluntad y su actuación que se realizaban en el tiempo, desde afuera del mundo creado; como si un dueño de la finca, realizando su visión, interviniera con las correcciones en caso de necesidad.

Además, si se trata de la creación, la teología occidental de la Edad Media enseñaba que únicamente el sacamiento de la nada podía ser llamado creación en el sentido exacto. Todo lo "después de la nada" sería solamente una transformación ya que esta se basa en la realidad ya existente, sacando lo que ya ha existido en la potencia de lo anterior. Como tal no puede ser llamada creación porque no da nada "nuevo". No obstante aquí se halla una dificultad. ¿Cómo pues explicar la aparición de algo verdaderamente nuevo, por ejemplo de un alma humana? Su surgimiento no encuentra explicación en una simple transformación y como tal supone un nuevo

---

104 CCE 301.

105 CCE 302.

106 *San Ireneo de Lyon, San Clemente de Alejandría, san Juan Crisóstomo.*

107 Bartnik 1, p. 250.

acto creativo de Dios, que la saca de la nada. Por ende, en la luz de la teología occidental de aquella época, en el mundo se realizarían hoy millones de actos creativos independientes, siempre cuando un nuevo ser humano comenzara a existir. Este punto de vista en nuestros tiempos parece ya un poco artificial.

La mencionada artificialidad fue vencida solo en la primera mitad del siglo XX, gracias al pensamiento de Pierre Teilhard de Chardin (1881-1955), quien propuso un concepto de la creación dinámica e inmanente para con el mundo. Según este concepto la creación por Dios no es un acto único realizado en el pasado (*creatio initialis, in principio*), sino un acto continuo, que se desarrolla y ejecuta "dentro" de la evolución universal, desde el principio hasta el final. De otra manera podríamos decir que es único y el mismo acto, que únicamente para nuestros ojos se deshila en el pasado, presente y futuro, ya que en realidad es una continua y activa presencia de Dios aquí y ahora. Dios visto así es Siempre Creador. Hasta Teilhard hubo dos posibilidades: creación o transformación. Teilhard propuso una tercera, introduciendo a la vez al ambiente teológico un término revolucionario: *transformación creativa*, que por un lado es un acto creativo porque se basa en la continua intervención de la Primera Causa, y a la vez es un acto transformativo porque tiene su base en lo anterior. Además Teilhard "cambió el lugar" de Dios Creador. La doctrina clásica lo ubicaba "atrás", como a alguien que hizo algo y que lo seguía "empujando". Él, en cambio, lo "colocó delante", como a alguien quien atrae. Según este concepto la realidad es creada a través de la atracción. Por lo tanto para Teilhard la creación es más un "misterio del final" y no tanto "del principio" como lo proponía la doctrina clásica.

A primera vista todo esto se parece medio complicado, pero hay que saber que los pensamientos y propuestas de Teilhard ayudaron a muchísima gente que tenía un dilema vinculado con la problemática de la evolución: ¿aceptarla o rechazarla? Teilhard demostró que en verdad no existe ningún dilema, ya que Dios actúa a través de la evolución, de la cual, pues, es Autor, y en la cual está continuamente presente, guiándola y atrayendo todo hacia Él.

* * *

Siendo cristianos no tenemos ningún motivo para sentirnos arrojados al margen de la contemporaneidad. Creer en Dios Creador no significa declararse en favor de los mitos y leyendas, sino expresar la convicción de que el mundo, y todo lo que existe, tiene en Él la razón de su existencia. No existe ningún dilema entre ser moderno y reconocer la autoridad de la Biblia al respecto. Lo que sí provoca embrollos y causa problemas es la ignorancia.

FIN

ESCATOLOGÍA

Conversemos ahora sobre nuestro futuro, o mejor dicho sobre nuestro destino, lo que la teología expresa a través de la palabra *escatología*. ¿Qué quiere decir este término?

El término escatología surgió de la aglutinación de dos palabras griegas: *eskhatos* (ἔσχατος) – último y *logia* – palabras, discurso, doctrina, ciencia. *Escatologí*a significaría entonces doctrina de las realidades últimas. En el cristianismo se trata de las cosas y los tiempos que han de concluir la suerte terrenal del hombre, de la humanidad y de todo el mundo, llevándolos a su destino final. Antes de especificar los componentes de esta doctrina sería conveniente aclarar que la pronunciación precisa de este término debería ser "esjatología". Es bueno saberlo para alejar cualquier peligro de los malentendidos, ya que en español hay dos términos con igual sonido. Habla de ello tanto el diccionario de la lengua española[108] como la wikipedia[109] y sería muy útil tomar el conocimiento de ello. Todo se produjo por descuido en la transliteración del término *ἔσχατος* del griego. La pronunciación correcta de la letra griega *χ* es como de la *j* (jota) en español. En inglés, en cambio, en la forma gráfica de la transliteración se la presenta como *kh*. Asimismo lo hace el alfabeto fonético internacional. El problema es que en español la *h* es muda, dejando así únicamente el sonido de la *k*. Por lo tanto que no haya dudas: Aquí hablaremos de la *esjatología* y ésta intenta dar respuestas a las preguntas que nos inquietan a todos: "Qué es la muerte?; ¿Qué sucede con el hombre en el momento de morir?; ¿El hombre deja de existir al morir?; ¿Hacia dónde encamina la humanidad y el mundo?; ¿Tendrá el mundo su fin? ... y otras preguntas por el estilo. La humanidad buscaba respuestas a estas preguntas desde los mismos comienzos, intentaban responder las distintas corrientes filosóficas y religiones. Y en verdad, si nos fijamos en el "mapa" de las opiniones al respecto, nos daremos cuenta de la multiplicidad de esos intentos.

¿Cuál es entonces la escatología cristiana?

Aquí necesitamos una especificación. Las respectivas confesiones cristianas: católicos, ortodoxos y los de procedencia protestante, se distinguen en algunos detalles. Sin embargo para la mayoría es común el contenido de la profesión "dominical"de la fe, es decir del llamado Credo Niceo-Constantinopolitano[110]: *Y de nuevo vendrá (Jesucristo) con gloria para juzgar a vivos y muertos, y su reino no tendrá fin. (...) Espero la resurrección de los muertos y la vida del mundo futuro.* Por lo tanto los cristianos creemos y confesamos que al final de los tiempos los difuntos serán resucitados, el Señor

---

[108] http://lema.rae.es/drae/?val=escatología: *1. Conjunto de creencias y doctrinas referentes a la vida de ultratumba; 2. Tratado de cosas excrementicias.*
[109] http://es.wikipedia.org/wiki/Escatología; 09.10.2014
[110] DH 150.

Jesucristo vendrá otra vez a la tierra, para efectuar el juicio sobre los hombres y el mundo, para concluir la temporalidad, es decir la época actual, e inaugurar el reino eterno.

Sin embargo estos elementos no agotan la doctrina católica de las últimas realidades. Además tratan el mundo y la humanidad en forma general, y existe pues la escatología individual, que concierne a cada hombre sin excepción, y que comienza en el momento de la muerte. Conforme con la enseñanza de Jesucristo y la de los Apóstoles la Iglesia Católica declara que el ser humano posee un alma inmortal, la cual después de la muerte del cuerpo no perece y continúa viviendo "de otra manera". En el momento de la muerte termina la vida terrenal del hombre y éste, después de ello, ya no puede cambiar nada por sí solo. Consecutivamente se ejecuta el juicio individual, que es como una primera "clasificación" del hombre por Dios. De aquí conducen tres "caminos": hacia el cielo, hacia el infierno y hacia el purgatorio. Al final de los tiempos se efectuará la segunda venida de Jesucristo a la tierra (la llamada *parusía*), se realizará la resurrección universal, el Juicio Final, es decir la última e irrevocable "clasificación" de los hombres, y después de ello se inaugurará la etapa infinita de la vida eterna; o en el Reino de los cielos, o en la eterna condenación, es decir en el infierno.

Ya que existen diferencias, incluso entre las confesiones cristianas, sobre la visión del futuro escatológico, no se puede no preguntar ¿en cuánto la escatología católica se basa en la Biblia y en cuánto es consecuencia de las especulaciones teológicas?

Todo lo que hasta ahora fue mencionado se basa en la enseñanza de Jesús y de los Apóstoles. Cada elemento tiene sus raíces en la Sagrada Escritura que, en muchos lugares, habla de ellos de manera directa o sugiere estas u otras conclusiones.

Antes de la venida de Jesucristo ¿la fe concerniente a las últimas realidades era igual? Es decir ¿anteriormente se creyó, por ejemplo, en la inmortalidad del alma, en la vida eterna y en la resurrección?

Así como la fe en Dios, asimismo la fe en la vida eterna fue sometida al proceso del desarrollo. Y así como el hombre descubría gradualmente la verdad sobre Dios, así también la descubría respecto a la vida eterna. Sobre esta gradualidad hablamos ya en muchas ocasiones anteriores. En el Antiguo Testamento podemos distinguir cuatro etapas del desarrollo del pensamiento escatológico:

1. Las más antiguas tradiciones teológicas del Antiguo Testamento contienen ya las promesas divinas y su cumplimiento. El anuncio clave es la promesa dada a Abram. En ella se basan las promesas salvíficas relacionadas con la Alianza, dadas a Moisés y transmitidas por los profetas. Muy temprano aparece la categoría del "Día de Yahvé", que al principio significaba la *teofanía,* en la cual Dios intervenía en la historia de Israel, causando la victoria del pueblo elegido y la destrucción de sus enemigos. Con el tiempo, el Día de Yahvé comenzó a ser relacionado con el día del juicio y de la ira divina también contra el mismo pueblo de Israel, provocado por sus infidelidades e iniquidades, adquiriendo a la vez el sentido ahistórico[111].
2. El giro más decisivo en la escatología veterotestamentaria fue iniciado por Isaías, quien trasladó el acento a la espera del futuro cumplimiento, que habría de ser realizado por

[111] *Que no se somete a la historia.*

el mediador mesiánico. La participación en esta realidad salvífica era reservada para el llamado *Resto*, es decir para los quedarían fieles a la Alianza.

3. Durante el destierro de Babilonia el futuro comenzó a ser presentado en el sentido de la universal y total transformación de los hombres y las cosas en la nueva creación. Yahvé como el Primero y Último habría de inaugurar el nuevo Reino de Dios. Aunque esta mirada escatológica no transcendía aún los límites de la realidad terrenal, sin embargo indicaba el futuro "cumplimiento" de la historia.
4. Entre los siglos II y I antes de Cristo la escatología se desarrollaba en el ambiente apocalíptico omnipresente, lo cual atestigua de mejor manera el Libro de Daniel. En tal ambiente comenzó su misión y su enseñanza Jesucristo.

MUERTE

Comencemos con lo que concierne a cada persona aparte, es decir con la escatología individual. Lo único que es cierto en nuestra vida es que todos moriremos. La muerte nos rodea. Sin embargo no sabemos mucho sobre ella.

Así como el nacimiento es un misterio, asimismo lo es la muerte, o como dice el Catecismo: *Frente a la muerte, el enigma de la condición humana alcanza su cumbre.*[112] Incluso el mismo término *muerte* es hasta hoy impreciso. Puede significar: en el lenguaje común el fin de la vida de la persona; la detención (el cese) de los procesos biológicos en un individuo humano; *la muerte clínica*, es decir la detención del latido cardiaco, de las actividades del sistema circulatorio y respiratorio, aunque el organismo puede "regresar a la vida" gracias a la reanimación; *la muerte biológica (cerebral)*, es decir la que viene determinada por la producción de lesiones cerebrales irreversibles, que hacen imposible la recuperación de la respiración y el pulso; *la muerte síquica*, es decir el estado en el cual no funciona la consciencia, aunque el organismo, como tal, puede seguir con vida biológica; la muerte vista de manera simbólica, por ejemplo *la muerte moral*, *la muerte espiritual*; *la muerte total* en el sentido teológico, como la salida absoluta del tiempo-espacio a la eternidad. Aquí trataremos la muerte en el sentido bilógico y total.

La universalidad de la muerte desde el principio provocaba distintas reacciones en el "mundo de los vivos". En la mayoría de los casos era la reacción marcada por el misterio y el respeto, como frente a algo que todavía es de aquí y ya no es de aquí. Sin embargo en nuestros tiempos somos testigos de un cambio radical en la percepción de la muerte por la sociedad de hoy. Se trata no tanto de la muerte de alguien concreto, de un familiar, un amigo o un conocido (aunque en cierto sentido también), sino de la muerte en general, como un fenómeno. Por un lado, como lo menciona J. Ratzinger en su libro *Eschatologie – Tod und ewiges Leben*[113], se trata la muerte como un tabú, como algo vergonzoso, de lo que no se habla, que hay que esconder y eliminar de la mentalidad humana. Por otro lado se hace de ella un espectáculo.

En el primer caso, el factor responsable de ello, en su gran parte, son los cambios sociológicos, especialmente en las sociedades urbanizadas. La familia deja de ser hoy un ambiente multigeneracional que reúne las personas cercanas en los momentos del nacimiento y de la muerte, de la salud y de la enfermedad. Tanto la enfermedad, especialmente la prolongada, y

---

[112] CCE 1006.

[113] J. Ratzinger, *Tod und ewiges Leben*, Regensburg 1978; *Aquí me serviré de la traducción polaca*: J. Ratzinger, *Eschatologia – smierc i zycie wieczne*, Poznan 1985 (**desde ahora: Ratzinger**).

mucho más la muerte, llegan a ser problemas de carácter técnico, de los cuales han de ocuparse los servicios especializados. Aunque estos acontecimientos siguen ocurriendo en la familia, sin embargo en la familia ya no se los vive.

En el lado opuesto se encuentra la muerte presentada y tomada como un espectáculo. Fijémonos por ejemplo en la televisión y en el cine, especialmente en las películas de la llamada acción, en los juegos de computadora. Lo "mejor" y lo más popular es lo que demuestra y expone la muerte de manera más dinámica, más expresiva o más repugnante. La muerte demostrada así, produciendo fuertes impresiones, llegó a ser un antídoto contra el aburrimiento universal de la cotidianidad, se convirtió en algo baladí (insignificante). De esta manera ya no es algo que provoca a la reflexión, ya que las preguntas que conlleva son ensordecidas por el aplauso, la risa de la diversión o por el asco. Y si aún nos damos cuenta de que el hombre de hoy rechaza también la eternidad y encierra su existencia entre dos límites opuestos: nacimiento y muerte, completamos el peso del ambiente existencial de nuestros tiempos.

La depreciación de la muerte, vinculada siempre con otros, "ayuda" al hombre contemporáneo de una manera más. Le hace creer que no es nada importante. Lo sumerge en una ilusión de la inmortalidad: "La muerte no me concierne a mí. Mueren otros." Esta ilusión es fortalecida aún a través de la mayor parte de los juegos de computadora donde normalmente el jugador tiene a su disposición algunas "vidas".

Si a pesar de todo uno tiene que enfrentar la idea de su propia muerte, la quisiera ver como algo repentino e inesperado. El hombre de hoy no comprende absolutamente la elocuencia de una de las invocaciones de la Letanía a todos los Santos (de su versión "larga"): *De la muerte súbita e imprevista, líbranos, Señor (A subitanea et improvisa morte, libera nos, Domine).* Tal vez por la misma razón esta invocación ya no se encuentra en las versiones populares. Si al hombre de hoy le tocara pedirle a Dios algo relacionado con su muerte, sin duda alguna le diría: *Por la muerte súbita e imprevista, te pedimos, Señor.* La muerte ya no es vista como una transición, a la cual hay que prepararse. Este aspecto íntimo de la muerte se ubicó en la mentalidad contemporánea muy detrás de sus aspectos externos, como por ejemplo el dolor y el sufrimiento. Es decir la mayor parte de la gente se concentra más en lo que suele acompañar a la muerte y no en lo que ella es. Todas estas tendencias atestiguan el proceso de la extracción mental de la muerte de la existencia humana, como algo que se contradice o por lo menos no concuerda con ella.

J. Ratzinger hace una observación[114] que este modo de tratar la muerte, su deshumanización, fructifica con la deshumanización de la vida, ya que la actitud para con la muerte decide sobre la postura para con la vida. Pues la muerte resulta ser la clave para encontrar la respuesta a la pregunta: ¿Quién es hombre?

¿Cómo entonces la muerte es vista por la religión y la teología?

Primero intentemos responder la pregunta sobre lo que es la muerte, es decir sobre lo que sucede en el momento de morir desde el punto de vista teológico. Una de las interpretaciones, y a la vez la más común, es la *teoría de la separación del alma del cuerpo.* Esta supone, ya desde las más antiguas creencias religiosas, que el ser humano está compuesto de dos elementos: terrenal (temporal) y eterno, inmanente y transcendente, materia y el soplo divino, "tierra" y "cielo", cuerpo y alma. Lo

[114] Ratzinger, p. 88.

que variaría en esta teoría es el grado o la intensidad de la conexión de estos elementos: desde lo más estrecho (con el monismo en su extremo) hasta lo más flojo (hasta el dualismo extremo).

Como ya lo mencionamos anteriormente, hablando sobre el alma[115], hoy es casi de moda afirmar que en la Biblia domina el monismo estricto de procedencia veterohebráica. La idea del hombre compuesto por dos elementos, material y espiritual, hubiera de aparecer en el judaísmo solo en el siglo II antes de Cristo, bajo las influencias externas del pensamiento griego, sobre todo platónico. Según los partidarios de esta opinión la verdad revelada por Dios acerca del hombre no habla nada sobre la mencionada composición. El hombre (ser humano) según la Biblia habría de ser una totalidad homogénea, un ser de dos aspectos.

Sin embargo esta opinión es errónea, ya que los libros sapienciales de la Biblia, del siglo II antes de Cristo, también son inspirados por Dios, forman la Biblia, y como tales pertenecen a la Revelación Divina. Por lo tanto sería más correcto decir que la idea del alma, como uno de los elementos estructurales del hombre, se iba descubriendo gradualmente, para ver la luz en su forma contemporánea en la reflexión cristiana, según las palabras de Cristo: *(El Espíritu Santo) os guiará hasta la verdad completa.*[116] Así lo ve el catolicismo, y por eso no acepta al monismo estricto.

El cuerpo constituye la base de la vinculación del alma con el mundo material creado.[117] Lo que causa la muerte, es decir la separación de estos elementos, son los cambios producidos en el cuerpo, profundos, radicales e invencibles, que le impiden seguir siendo base para el alma creada por Dios específicamente para él. Por lo tanto el acto de la muerte influye también al alma. Según el augustinismo (basado más en el platonismo) esta influencia es mínima, ya que el alma se "libera" del cuerpo que la limita. En cambio según el aristotelismo dicha influencia es mucho más profunda, porque el alma por sí sola es un ser "incompleto", y siempre tiende a su cuerpo, hasta la futura re-unión. Tanto la una como la otra opinión, le otorga al alma el rol de la continuidad del ser humano, desde la muerte hasta la resurrección.

Hablando al margen del tema: Es interesante que la experiencia de la gente que vivió la muerte clínica parece confirmar el enfoque augustínico. Muchos de ellos atestiguan que al verse "fuera" de su cuerpo se sentían ligeros, liberados, llenos de un sentimiento inexpresable, y no querían regresar. Claro que estas declaraciones no tienen ningún valor para la teología y no pueden ser tomados como un argumento en ningún debate, sin embargo las menciono como una curiosidad.

La segunda de las interpretaciones de la realidad de la muerte podría ser llamada *Teoría de la muerte total del hombre*, o de la muerte del hombre total. Como teoría comenzó a cristalizarse en el siglo XX (teniendo sus raíces ya en el siglo XVI), siendo consecuencia de la reflexión teológica de los eminentes teólogos protestantes de la época: K. Barth, O. Cullmann, P. Althaus, H. Thielicke y otros. Tras ellos comenzaron a seguirla también muchos teólogos católicos. Según los partidarios de esta teoría muere todo el hombre, el cuerpo junto con el alma, siendo esta mortal. La vida eterna se realizaría únicamente gracias a la redención y salvación de Cristo. El hombre después de la muerte "vive" únicamente en la mente y memoria divina, y Dios como absolutamente fiel a sus promesas, lo resucitará en el último día, haciéndolo una nueva creación. Ya que el *cuerpo* significa en la Biblia al hombre total, el término *resurrección de la carne (cuerpo)* significaría resurrección del hombre total, es decir también del alma. Hasta el día del Juicio Final el alma simplemente no

---

115 *En la parte dedicada a la creación.*

116 Jn 16, 13.

117 C. Bartnik, *Dogmatyka katolicka*, t. 2, Lublin 2003 (**desde ahora: Bartnik 2**), p. 822.

existe. Por lo tanto la veneración de los santos y oración por los difuntos, según ellos, no tienen sentido. El hombre es inmortal únicamente "en Cristo".

Aunque no se puede negar la veracidad de los elementos singulares que forman esta teoría, sin embargo se puede combatir su conclusión. Sería difícil demostrar en la Biblia un pasaje que atribuye a la muerte el carácter absoluto. La nada absoluta es allá inconcebible. Al contrario, en todas partes se admite algún tipo de la existencia posterior. Esto concierne tanto al Antiguo y mucho más al Nuevo Testamento. Sin indicar lo que forma parte de la doctrina sobre el alma, y lo que no lo hace, me gustaría ahora demostrar dos citas bíblicas, una del Antiguo y otra del Nuevo Testamento, que reflejan la mentalidad de la gente de ambas épocas al respecto. La primera narra la visita del rey Saúl a una nigromante a quien pidió que le evocara a Samuel.[118] La segunda en cambio presenta la parábola de un rico y un pobre mendigo, quienes al terminar su vida terrenal seguían con su existencia; uno en el *seno de Abraham*, otro en el *Hades entre tormentos.*[119] Alego estas citas para demostrar que en ambos casos la mentalidad funcionante fue usada como la base para transmitir el mensaje, como su portador. Vale darse cuenta de ello especialmente en el primer caso. En ningún momento leemos allá algo que se pronunciaría contra la comprensión popular de la gente respecto a la continuidad de la vida después de morir. El autor del texto no delata la evocación de los muertos como algo falso, que no puede efectuarse a causa de su inexistencia después de la muerte. Menciona únicamente que esas prácticas fueron prohibidas, para luego hacerlo hablar a Samuel.

La misma convicción sobre la continuidad de la existencia después de morir, reforzada además por Jesucristo quien la expresó, se encuentra en el segundo de los mencionados pasajes. Por un lado el mendigo, por otro el rico, ambos muertos y ambos experimentando su existencia. Este texto, tan rico en su contenido, nos servirá también en otras ocasiones.

Fuera de estas dos citas que reflejan la mentalidad existente, donde ésta fue usada como la base para la transmisión del mensaje, quisiera presentar dos más, mucho más elocuentes al respecto, ya de manera directa. Primera es la escena de la transfiguración[120]. Generalmente la leemos concentrándonos en el sentido y el objetivo de la misma transfiguración, es decir intentando de comprender para qué Jesús lo hizo. Sin embargo allá se encuentra también un elemento provechoso para nosotros ahora. Ambos, Moisés y Elías, murieron hace siglos, y los dos *conversaban* con Jesús. Muchos están dispuestos a clasificar esta escena como una ilusión, comparándola tal vez con una película donde no importa la fábula sino el mensaje. No obstante frente a ello podríamos preguntarnos si Dios no pudo haberse servido de algo real para lograr su objetivo.

Sería bueno por fin recordar una vez más las palabras del Señor Jesús dirigidas a los representantes de los saduceos, que según sabemos no creían en la resurrección ni en la vida futura: *(...) ¿no habéis leído aquellas palabras de Dios cuando os dice: Yo soy el Dios de Abraham, el Dios de Isaac y el Dios de Jacob? No es un Dios de muertos, sino de vivos.*[121]

---

118 1Sm 28, 7-20.

119 Lc 16, 19-31.

120 Mt 17, 1-9; Mc 9, 2-10; Lc 9, 28-36.

121 Mt 22, 31-32.

En mi opinión, frente a estas citas resulta difícil afirmar que la Biblia no conoce ningún tipo de la vida después de la muerte, es decir que según la Biblia la muerte lo termina todo, y lo aniquila hasta el día de la resurrección.

La tercera de entre las teorías teológicas de la muerte se llama *teoría de la resurrección en la muerte.* Según sus partidarios[122] el momento de la muerte significa en realidad la resurrección, el último día y la creación de la tierra nueva. De este modo la muerte individual lleva a efecto (cumple) toda la escatología universal. Ya no habrá otra parusía "general", ni Juicio Final, ni la resurrección de los cuerpos ni la renovación de la creación, porque todo ello Dios lo realiza de manera individual en la muerte de cada hombre. Después de morir, el hombre no entra en la eternidad divina, sino en el "tiempo transformado", en algo intermedio entre el tiempo terrenal y la eternidad, algo que se puede expresar como una permanencia ilimitada en el "Siglo Futuro".[123] No se le puede negar a esta teoría la posesión de unos elementos bastante atrayentes, y de hecho en su tiempo la siguieron muchos. Sin embargo hay un cierto problema por ejemplo con la Parusía, es decir la segunda venida de Cristo, que comprendida literalmente se encuentra en la profesión de la fe, así como la resurrección de los cuerpos.

La siguiente teoría la podemos llamar *teoría de la transformación esencial.* Con su contenido se vincula con término bíblico *allasso* que significa cambiar, convertir algo en algo, transformar. *Os revelo un misterio: No moriremos todos, mas todos seremos transformados. En un instante, en un pestañear de ojos, al toque de la trompeta final, pues sonará la trompeta, los muertos resucitarán incorruptibles y nosotros seremos transformados.*[124] La base para esta teoría fue puesta por P. Teilhard de Chardin, W.A. Luyten, H. Peters, N.M. Wildiers. Se la puede representar o simbolizar a través de dos conos que se unen (tocan) con sus cúspides. Uno de los conos representa lo histórico y otro lo fuera-histórico, el punto de contacto sería la muerte. Según esta teoría la transformación abarca a toda la persona humana, tanto el cuerpo como el alma. Sin embargo supone que después de la muerte la persona seguirá existiendo de manera modificada, espiritual, en base del alma transformada, la cual no es aniquilada en el momento de la muerte, sino se transforma para la vida eterna. El cuerpo, en cambio, como imagen de la historia, espera que ésta llegue a su fin universal en la resurrección de los cuerpos. Como argumentación bíblica para esta teoría sirven las palabras de Jesús: *En verdad, en verdad os digo: si el grano de trigo no cae en tierra y muere, queda él solo; pero si muere, da mucho fruto. El que ama su vida, la pierde; y el que odia su vida en este mundo, la guardará para una vida eterna.*[125] La misma dialéctica de la muerte como un paso desde el tiempo hasta la eternidad aparece en la enseñanza de Pablo: *¡Necio! Lo que tú siembras no revive si no muere. Y lo que tú siembras no es el cuerpo que va a brotar, sino un simple grano, de trigo por ejemplo o de alguna otra planta. (...) Así también en la resurrección de los muertos: se siembra corrupción, resucita incorrupción; se siembra vileza, resucita gloria; se siembra debilidad, resucita fortaleza; se siembra un cuerpo natural, resucita un cuerpo espiritual. Pues si hay un cuerpo natural, hay también un cuerpo espiritual.*[126]

En el modelo cónico de esta teoría se puede ver dos aspectos de la muerte a la vez. Primero, él de la discontinuidad, expresa que la muerte termina la existencia de la persona en el tiempo y el espacio del mundo presente. La muerte aparece aquí como el más misterioso límite de todo el tiempo-espacio y de la materia. En este momento se cumple toda la vida, y de manera definitiva

---

122 *K. Rahner (joven), G. Lohfink, G. Greshake y otros.*
123 Bartnik 2, p. 823.
124 1Co 15, 51-52.
125 Jn 12, 24-25.
126 1Co 15, 36-44

se realiza el "yo" personal. El segundo aspecto representado por dos conos es de la continuidad, ya que el momento del toque, de la unión, es el momento común. Cuando el tiempo-espacio humano y terrenal se cierra, al mismo instante se abre a otro "tiempo-espacio", inmensurable. Aquí encuentra su afirmación la firme convicción que la persona humana posee una relación especial, una inclinación hacia ser "más" y "más luego". En cierto sentido la muerte "inmoviliza" al hombre y lo eterniza. Aquí cuenta todo, toda la historia personal, todo lo vivido, ya que todo el pasado modela a la persona. Los restos mortales son apenas testimonio de la historia vivida, de la existencia, y como tales, en esta forma no pueden pasar al "futuro" eterno. Tienen que "embutirse" una vez más en el cosmos, en toda la creatura material, para así disponerse mejor *para participar en la gloriosa libertad de los hijos de Dios*[127], que encontrará su acorde inicial en la resurrección de los cuerpos.

El valor de esta teoría se encuentra sobre todo en dar sentido a todo lo vivido. Así como se cierra el cono, asimismo se va a abrir. No todos los pares de los conos son iguales. De manera "natural" la calidad de lo temporal y terrenal influye a la "calidad" de lo eterno. Encontraremos aquí también el punto de salida para hablar sobre los estados escáticos del hombre: cielo e infierno.

Además esta teoría (y su modelo) nos permite ver mejor que la muerte no solo concluye el tiempo sino también la materia. Es el punto culminante y final del tiempo y a la vez el más elevado "lugar" del espacio. Lo después ya no es ni tiempo ni espacio, de lo cual muchos hoy no quieren darse cuenta, intentando ver la vida eterna como una simple prolongación de la vida, aquí en la tierra.[128]

Cuando nos confrontamos con el pensamiento acerca de nuestra muerte sentimos el temor o incluso el miedo. ¿Por qué?

Parece lo provocan hoy por lo menos dos factores. Por un lado la muerte como el fin de la vida humana se manifiesta como algo que nos quita todo, y lo aniquila, es decir como algo que es despojado de cualquier sentido. Por otro la muerte es algo desconocido, y lo desconocido, por lo general, provoca el miedo. No podemos aprovecharnos aquí de la experiencia de nadie. Los únicos "relatos" son de los que experimentaron la muerte clínica, lo cual para muchos son únicamente sensaciones provocadas por el cerebro privado de oxígeno.

Frente a esa realidad temorosa, nos damos cuenta también que todo cambia cuando alguien entra en las relaciones personales y profundas con Dios, hasta llegar a tal unión que hace que con la elocuencia de la Palabra de Dios respecto a la muerte y al morir se identifiquen sus propios sentimientos. En esta realidad uno experimenta una certeza que el Hijo de Dios en verdad cargó con todos nuestros sufrimientos, dolores y también con todos nuestros misterios, y sabe que al morir, morirá en Cristo. A la persona que lo experimenta no le importan las teorías. Le basta amar y sentirse amada, como si se cruzaran dos miradas confiadas. Nada le importa. Incluso no le importa qué habrá después, porque le basta la confianza que abarca todo el ser. El que lo siente no pregunta sobre el sentido de su muerte, porque el amor le da la respuesta. La muerte le parece como un paso hacia amar más y sentirse más amado. Lo confirma también el Catecismo: *En la muerte, Dios llama al hombre hacia sí. Por eso, el cristiano puede experimentar hacia la muerte un deseo semejante al de san Pablo: "Deseo partir y estar con Cristo" (Flp 1, 23); y puede transformar su propia muerte en un acto de obediencia y de amor hacia el Padre, a ejemplo de Cristo (cf. Lc 23, 46): «Mi deseo terreno ha sido crucificado;*

---

[127] Rm 8, 21.
[128] *Los milenaristas, p.ej los mormones y los testigos de Jehová.*

[...] hay en mí un agua viva que murmura y que dice desde dentro de mí "ven al Padre"» (San Ignacio de Antioquía, Epistula ad Romanos 7, 2); «Yo quiero ver a Dios y para verlo es necesario morir» (Santa Teresa de Jesús, Poesía, 7); «Yo no muero, entro en la vida» (Santa Teresa del Niño Jesús, Lettre (9 junio 1987).[129]

En el momento de la muerte son tal vez mucho más importantes los sentimientos de uno que la misma doctrina teórica, sin embargo no se puede no preguntar sobre ¿cuándo y en cuáles circunstancias la idea de la perpetuidad de la persona humana a pesar de morir, fue revelada por Dios y el hombre la descubrió y reconoció?

Parecen precisamente estos mismos elementos, recién mencionados, los que les permitieron a los israelitas del Antiguo Testamento descubrir progresivamente la verdad sobre la "inmortalidad"[130] de la persona humana. No la encontraron en el elemento estructural alguno sino en la comunión con Dios. Fue en base de las contraposiciones.

Primero dominaba la convicción que una normal consumación de la vida era morir viejo y saciado de años, es decir degustar plenamente la vida, rodearse de hijos y nietos. La muerte prematura, repentina o trágica, especialmente lejos de los suyos, o sin dejar los herederos era vista como algo cruel y deshonroso, como algo que no se podía explicar de manera natural. Por lo tanto se la interpretaba como una consecuencia del pecado o directamente como el castigo o como la maldición. El eco de esta convicción se hizo escuchar durante muchos siglos: *No os busquéis la muerte con los extravíos de vuestra, vida, no os atraigáis la ruina con las obras de vuestras manos.*[131] No obstante a la muerte no se le otorgaba el poder absoluto. Aunque el Libro de Génesis declaraba: *eres polvo y al polvo tornarás*[132], sin embargo no se comprendían estas palabras como una aniquilación. *Por eso se me alegra el corazón, mis entrañas retozan, y hasta mi carne en seguro descansa; pues no has de abandonar mi alma al sheol, ni dejarás a tu amigo ver la fosa.* La muerte convertía la vida en la no-vida, la limitaba a la existencia de sombra, "ubicándola" en el Sheol, "lejos" del mundo de los vivos y "lejos" de Yahvé.

Sería bueno aclarar aquí, que no tienen razón los que afirman que la idea de Sheol fue prestada de la antigua Grecia. No se trataba ni de prestar ni de copiar. Los israelitas al principio simplemente compartían las creencias del mundo de entonces, hasta comprender con el tiempo la revelación divina al respecto. Y esta se dio a conocer a través de un proceso, usando la convicción común como su punto inicial. Después vino la reflexión sobre la muerte como la que arranca de la comunidad e impide la comunión con Dios (lo que ya mencionamos). Y no solo ella. Su vestíbulo era también la enfermedad, especialmente una prolongada e incurable. Fue también ella que cortaba los vínculos con los demás e incluso con Dios, ya que uno no podía participar en el culto divino, no podía alabarlo con los demás. Esto a su vez con el tiempo fructificó con una reflexión, que la vida no siempre es vida verdadera. Uno puede existir y no vivir a la vez. Y precisamente aquí se produjo luego un cambio profundo. El pueblo de Israel que aprendió sobre la unicidad, veracidad y omnipotencia de Dios, tuvo que reconocer frente al acto de la muerte y de la idea de Sheol (comprendidos de manera popular), que la omnipotencia de Dios tiene sus límites, es decir que Dios queda "indefenso" ante la muerte; y que además hay un "lugar" donde su poder no llega, "lugar de los muertos". Esta situación no pudo durar mucho, ya que no pueden existir al mismo tiempo dos elementos que se contradicen. Así emergió uno de los factores que

[129] CCE 1011.
[130] *La perpetuidad a pesar de morir.*
[131] Sb 1, 12.
[132] Gn 3, 19.

provocaron la búsqueda de un elemento que permitiera garantizar y conservar la omnipotencia divina. Si en verdad la muerte arranca al hombre de la comunión con Dios, ¿no debería existir comunión tan fuerte para impedir ese arranque, es decir más fuerte que la muerte?[133] Y si Dios es omnipotente ¿no debería su poder llegar a todas partes?

Otro factor nació en base de los dolorosos acontecimientos históricos. En el siglo VI a.C. se efectuó el llamado destierro de Babilonia[134] que en muchos casos cortó los vínculos familiares e impidió el culto divino. En esa situación Israel tuvo que re-leer la revelación divina y adaptar su elocuencia a nuevas circunstancias. Era muy problemático seguir afirmando que el sufrimiento era consecuencia mera del pecado o directamente el castigo por él, pues muchos sufrieron inocentemente. Nació entonces la convicción de que el sufrimiento puede ser también un fuego en el que se forja la fe y la confianza, y el camino más seguro que conduce a Dios. Emergió a la vez la categoría del Siervo de Yahvé[135] que con sus atributos anunciaba las cualidades del futuro Mesías.

Paralelamente surgió otro problema. El mundo se llenó de cínicos, hipócritas, oponentes a todo lo divino, y sin embargo su situación era mucho mejor que la de los justos. Kohelet tenía problemas con la comprensión de la realidad, Job llegaba al borde del sinsentido. Los mismos problemas perturbaban también al Autor del Salmo 73 quien compartía las preguntas de los justos. Sin embargo él no buscaba las respuestas en el orden del mundo, sabiendo que allá no las encontraría. Entró, en cambio, en el contacto íntimo con Dios, y en su contemplación recibió la respuesta. Toda la realidad de fuertes apariencias, con toda su atracción y tentación, toda la felicidad terrena son solo ilusiones. Lo único firme y verdadero, lo único que perdura y no desaparece, es la comunión con Dios, la cual es incluso más fuerte que la descomposición del cuerpo. *Pero yo estoy siempre contigo, tú me has tomado de la mano derecha; me guiarás con tu consejo y después, me recibirás con gloria. ¿A quién sino a ti tengo yo en el cielo? Si estoy contigo, no deseo nada en la tierra. Aunque mi corazón y mi carne se consuman, Dios es mi herencia para siempre y la Roca de mi corazón.*[136] En ese momento, según hace notar J. Ratzinger, el Antiguo Testamento encontró su identificación y entró en el Nuevo.[137]

Según se comprende la muerte, es decir la mortalidad del hombre, es consecuencia del pecado original. ¿Esto significa que el ser humano en base de la creación sería inmortal?

De hecho así, al pie de la letra, lo presenta la Biblia en algunos lugares. En el Libro de Sabiduría leemos: *No fue Dios quien hizo la muerte. (...) Porque Dios creó al hombre para la incorruptibilidad, le hizo imagen de su misma naturaleza; mas por envidia del diablo entró la muerte en el mundo.*[138]

Lo confirma también el Catecismo: *Intérprete auténtico de las afirmaciones de la Sagrada Escritura (cf. Gn 2, 17; 3, 3; 3, 19; Sb 1, 13; Rm 5, 12; 6, 23) y de la Tradición, el Magisterio de la Iglesia enseña que la muerte entró en el mundo a causa del pecado del hombre (cf. DS 1511). Aunque el hombre poseyera una naturaleza mortal, Dios lo destinaba a no morir. Por tanto, la muerte fue contraria a los designios de Dios Creador, y entró en el mundo como consecuencia del pecado (cf. Sb 2, 23-24). "La muerte temporal de la cual el*

133 Ratzinger, p. 99.
134 *O exilio babilónico.*
135 Is 42, 1-9; 49, 1-7; 50, 4-11; 52, 13-15.
136 Sal 73, 23-26.
137 Ratzinger, p. 107.
138 Sb 1, 13; 2, 23-24.

hombre se habría liberado si no hubiera pecado" (GS 18), es así "el último enemigo" del hombre que debe ser vencido (cf. 1 Co 15, 26).[139]

Démonos cuenta que el Catecismo no quiere aquí tomar la última palabra acerca de la mortalidad o inmortalidad natural del hombre. Es decir no contesta si el hombre en base de acto de la creación fue mortal o inmortal. Unos pues enseñan que Dios creó al hombre inmortal, otros en cambio afirman que la naturaleza humana es mortal, pero a los primeros seres humanos Dios les otorgó el don sobrenatural de la inmortalidad. Tanto en el primer como en el segundo caso, la muerte apareció en el mundo después del pecado.

Sin embargo si alguien de la gente común piensa hoy en estas cosas, no le interesa tanto si el hombre por su naturaleza es inmortal o mortal. Además, parece que la mayoría de los creyentes reconocen que la muerte, según la doctrina emergió en el mundo a causa del pecado. Lo que inquieta a muchos es lo siguiente: ¿Qué pasaría con la humanidad si el hombre no hubiera pecado? ¿La tierra después de tanto tiempo tendría cabida para todos?

Estas son las preguntas inquietantes que motivan hoy a muchos teólogos a enfocarse en el tema de la muerte una vez más, para descubrir en la luz nueva la elocuencia de la revelación divina al respecto.

Nos hemos acostumbrado que sobre la muerte vista como un castigo por el pecado habla sobre todo el Libro Génesis en el pasaje del pecado original. Cuando Dios pronuncia la sentencia condenatoria llega a las siguientes palabras: *Con el sudor de tu rostro comerás el pan, hasta que vuelvas al suelo, pues de él fuiste tomado.*[140] Al fijarnos bien en el texto nos damos cuenta que su elocuencia no es tan unívoca. A la primera vista parece confirmar la opinión común, sin embargo la palabra *hasta* nos hace pensar en otro significado de la frase: "Sufrirás hasta morir". Es decir: "La muerte será para tí salvación de la situación del sufrimiento". En este momento podríamos terminar, no obstante perderíamos otro elemento de la revelación, que hoy, respecto a la muerte, parece ganar más importancia. El hombre después de pecar se aleja de Dios e intenta escondrese.[141] Es decir pierde contacto y, con ello, debilita o destruye su comunión con Dios. Y precisamente aquí emerge el problema, ya que únicamente el sentimiento de la comunión con Dios es lo que da sentido a la muerte. Sin ellos la muerte llega a ser algo horrible, cruel, aniquilador. Por lo tanto algunos enseñan que solo desde el pecado el hombre ve la muerte de esta manera. Según ellos ésta hubiera sido precisamente la condena: percibir la muerte así y sentir temor o miedo frente a ella.

¿Por qué entonces la doctrina cristiana afirma que el pecado causó la muerte?

Porque el pasaje recién mencionado no es el único que habla sobre ello. Para mucha gente es el más conocido, no obstante otros son "del peso mayor". El Libro de Sabiduría ya mencionado declara que Dios no es autor de la muerte y añade: *(...) por envidia del diablo entró la muerte en el mundo, y la experimentan los que le pertenecen.*[142] En la Carta a los romanos leemos: *El salario del pecado es la muerte.*[143] Pero el texto más importante al respecto, es el siguiente (también de la Carta a los romanos): *(...) como por un solo hombre entró el pecado en el mundo y por el pecado la muerte y así la muerte*

139 CCE 1008.
140 Gn 3, 19.
141 Gn 3, 8.
142 Sb 2, 24.
143 Rm 6, 23.

alcanzó a todos los hombres, por cuanto todos pecaron.[144] Este pasaje de manera más fuerte vincula la muerte con el pecado original, sobre todo en el caso de los primeros padres. Sin embargo permite diversas interpretaciones acerca de los vínculos del pecado y la muerte en las futuras generaciones. Todo depende de cómo interpretaremos la expresión *eph'ho* (ἐφ' ᾧ) usada en el texto original griego. La Vulgata[145] lo expresó como *in quo*, es decir *en quien*, demostrando que en Adán todos pecaron. Sin embargo el Oriente griego cristiano vinculaba esta expresión no con Adán sino con la muerte y la comprendía como *por la cual* (*a causa de la cual todos pecaron*). Por lo tanto mientras el Occidente reconocía en el pecado de Adán la causa de la muerte biológica, el Oriente, en su gran parte, veía en la muerte la causa de la pecaminosidad del hombre, ya que la mortalidad lleva a la lucha por sobrevivir, conduce a la rebeldía contra Dios, produce egoísmo, concupiscencia, hedonismo.[146]

Al terminar hay que añadir, y a la vez aclarar, que nuestra perspectiva de ver la muerte debe ser aún distinta que la de los judíos del Antiguo Testamento. Verla hoy en el simple esquema de las causas y consecuencias sería una simplificación excesiva. Desde la muerte de Jesús en la cruz no se la puede tratar como algo únicamente negativo, lo que eventualmente es vencido a través de la comunión con Dios. Pues en la cruz se realizó la salvación del género humano. Hasta entonces se podía tratar la muerte como la imagen de la "no-salvación", y los tiempos del Antiguo Testamento como el "tiempo de morir", pero desde la hora de la cruz, la muerte "al morir en Cristo" se convirtió en la clave de la salvación. Por lo tanto quien muere con Cristo vivirá con Él.[147] La muerte llegó a ser umbral de la salvación y de la eternidad.[148]

MÁS ALLÁ

Si reconocemos que el hombre posee un alma inmortal, y en el momento de la muerte ésta se separa de su cuerpo, debemos preguntar ¿qué pasa después? La segunda venida de Cristo se efectuará en el futuro desconocido. ¿Qué habrá hasta entonces?

Es verdad que al confesar la fe en la segunda venida de Cristo, en la resurrección de los muertos, el Juicio Final y la vida eterna, deberíamos también enfrentar la pregunta sobre lo que pasa con el hombre después de su muerte, es decir entre su muerte y su resurrección.

En cierto sentido tratamos ya este tema al hablar acerca del alma, sin embargo esta problemática concierne también a los que niegan su existencia.

Primero démonos cuenta una vez más que casi todas las grandes religiones de la antigüedad confesaban la fe en alguna existencia del ser humano después su muerte. No son concordes con la verdad las opiniones de aquellos quienes afirman que las ideas de la duración de la persona humana después de su muerte biológica proceden solo de las tradiciones veterogriegas[149], y en los tiempos bíblicos del *hebraísmo tardío*[150] o *judaísmo temprano*[151], ya que la fe en la vida de más allá en

144 Rm 5, 12.
145 *Traducción latín.*
146 Bartnik 2, p. 829.
147 Rm 6, 8.
148 Cf. 2Co 5, 6.8: *Mientras habitamos en el cuerpo, vivimos lejos del Señor. (...) y preferimos salir de este cuerpo para vivir con el Señor.*
149 *Del latín "vetus, veteris"- viejo, y griego; es decir griego antiguo.*
150 *Hebraísmo: La cultura, en general, y la religión, en particular, del pueblo hebreo desde sus orígenes hasta el exilio babilónico, siglo VI a. C.*

las sociedades o culturas más antiguas, es confirmada por los descubrimientos arqueológicos. Además, en cierto sentido la confirman los más antiguos mitos antropológicos, según los cuales el hombre está compuesto de dos elementos: del "cielo" y de la "tierra", es decir de un elemento ultraterrenal, espiritual, divino y de un elemento material, corporal y pasajero. Las huellas de la fe en la vida después de la muerte las encontramos en la religión sumeria, hinduista, mazdeísta, taoísta, hebrea, griega y otras. Había doctrinas más "optimistas", como por ejemplo en el Egipto antiguo y en el mazdeísmo, y también más "pesimistas", como por ejemplo en Sumeria antigua, donde los espíritus de los muertos hubieran de experimentar la existencia triste y miserable, errando en las grietas, grutas, cuevas y otros subterráneos.

Los hebreos, al comienzo, compartían las visiones más pesimistas. En el Sheol, "lugar" de los muertos, los difuntos hubieran de experimentar algo como la existencia en la no-existencia, la vida de sombra o de un reflejo muy nebuloso de la vida en la tierra, sin sentir nada, ni alegría ni tristeza, ni sentimiento otro alguno. Todos llegaban allá, sin distinción, tanto los justos como los injustos, buenos y malos. Con el tiempo su visión llegó a ser más optimista, diferenciando la suerte de uno, según la calidad de su vida en la tierra. Alrededor del siglo II a.C. dicha visión parece estar ya bien cristalizada. Sheol, el mundo en el cual permanecen los muertos hasta el día del juicio final abarca ya cuatro lugares-cuevas distintas. Los justos ya están separados de los pecadores. Los últimos aguardan el día del juicio inmersos en la oscuridad, mientras que los justos, entre los cuales el lugar especial ocupan los mártires, permanecen en la luz, congregados alrededor de la fuente del agua vivificadora.[152] Esta visión de la vida después de la muerte, en sus rasgos generales, fue "heredada" por el Nuevo Testamento. De nuevo nos convendría apoyarnos en la parábola del rico y del pobre Lázaro[153], que fue usada por Jesucristo como un fondo para transmitir el mensaje relacionado con el peligro de las riquezas mal usadas. El uso de esta visión confirma que el cristianismo compartía las creencias judías en la vida futura después de la muerte. La misma fe sirve como el fondo de la escena de la cruz[154]. Allá encuentra también un impulso para la transformación esencial. Leemos que uno de los malhechores, arrepentido de su mala conducta, en la hora de la muerte le suplicó a Jesús que se acordara de él al entrar Jesús en su reino[155]. A este Jesús le respondió: *Hoy estarás conmigo en el Paraíso.*[156] Esta frase breve llegó a ser uno de los elementos básicos de la novedad de la escatología cristiana. Primero fijémonos en un detalle. Para un judío común, el paraiso fue reservado para los mártires o para los elegidos de entre los justos, mientras tanto aquí tenemos a un pecador, un condenado por sus crímenes. Otro detalle, que se nos puede perder en la lectura superficial, está vinculado con la misma súplica del malhechor, y ésta a su vez se relaciona con la convicción de que el Paraíso era un lugar donde el Mesías esperaba oculto la llegada de su hora, y donde después regresaría. En este contexto nos damos cuenta de que la súplica del malhechor fue a la vez su confesión de la fe en la dignidad mesiánica de Jesús. Podemos hacer aquí una comparación con otro texto del Nuevo Testamento que narró la confesión parecida, esta vez por parte de Simón Pedro[157]. Después de ella Jesús "premió" a Pedro, y al mismo tiempo nos reveló a todos su plan salvífico para el futuro: la institución de la Iglesia. En la escena de la cruz Jesús no solo le prometió el premio al malhechor, sino que nos reveló a todos algo que cambió toda la perspectiva de mirar hacia el futuro: Es

---

[151] *Judaísmo: El periodo siguiente del hebraísmo hasta nuestros días.*
[152] Ratzinger, p. 142.
[153] Lc 16, 19-31.
[154] Lc 23, 39-43.
[155] *Al venir con su reino – Biblia de Jerusalén.*
[156] Lc, 23, 42(43).
[157] Mt 16, 16: *Tú eres el Cristo, el Hijo Dios vivo.*

Jesucristo quien tiene el poder para abrir el paraíso al hombre perdido. Aquí cuenta solo Él, y al otro lado no tanto la calidad de la vida pasada, como la fe y el corazón sinceramente arrepentido. Además ya no se trata tanto del lugar donde los justos, o los perdonados, gozan de felicidad y de paz después de morir, más bien de estar en la presencia de Jesús. No hay Paraíso sin Jesús. Por lo tanto Esteban, el primer mártir, poco antes de expirar exclamó: *Señor Jesús, recibe mi espíritu.*[158] Esta es la novedad que distingue la perspectiva cristiana de la judía. Sin embargo esto no es todo. La escatología cristiana cambió la línea divisoria que ya no recorre entre la vida terrenal y la muerte sino entre la vida con Cristo y la separación con Él.[159] Vive de verdad quien está unido con Cristo; y quien se separó de Él ya está muerto. *Quien tiene al Hijo, tiene la vida; quien no tiene al Hijo, no tiene la vida.*[160] *Yo soy la resurrección (y la vida). El que cree en mí, aunque muera, vivirá.*[161] Aquí no solo somos testigos del ascenso de la revelación divina a su nivel superior, podemos pues también percibir que precisamente aquí de manera especial la doctrina se encuentra con la pastoral. Y esto en práctica puede tener muchas aplicaciones.

Si, en cambio, se trata del puro campo doctrinal vale la pena mencionar que los testigos de Jehová, quienes niegan tanto la existencia del alma como la vida de ultratumba, al no poder vencer la elocuencia de la mencionada escena de la cruz, decidieron cambiar el texto (!!!), lo hicieron de tal manera que casi no se lo nota, sin embargo, a causa del cambio, el mensaje encerrado en la escena obtiene el contenido totalmente distinto. Se trata del lugar de una sola coma. Jesús dijo: *En verdad te digo, hoy conmigo estarás en el paraíso.* En cambio la traducción de los testigos de Jehová es la siguiente: *En verdad te digo hoy: Conmigo estarás en el paraíso.*[162] Gracias a esta maniobra con el texto, los testigos de Jehová eliminaron el peligro de ser acusados de no tomar en cuenta las palabras de Jesús respecto a la existencia después de la muerte. Siempre pueden pues contestar que Jesús, al prometerle al malhechor la estadía en el paraíso, se refirió al paraíso de después de la resurrección. Hay que añadir que la maniobra parecida fue empleada también en el texto de Mateo, ya mencionado: Pedro confiesa su fe, pero Jesús al alabar su fe, anuncia que va a instituir su Iglesia basándose en otra cosa. Entonces en ambos casos tenemos los elementos parecidos: Hay confesión y hay premio, pero este es distinto, solo personal. No hay siguiente etapa de la develación de la verdad, no hay ninguna novedad, como si el hablar *por medio del Hijo*[163], no introdujera nada nuevo a la revelación divina. Jehová construirá su congregación sobre sí mismo, y sólo Él resucitará a quien le guste. Pero dejemos a los testigos y regresemos a nuestra doctrina sobre la vida después de la vida.

Anteriormente se ha mencionado la existencia de los elementos de la vida de más allá en tantas culturas y religiones. ¿Acaso esto no debilita la doctrina cristiana al respecto? ¿No es ella más bien resultado de múltiples influencias externas y no fruto de la revelación divina?

Las preguntas de este tipo aparecen casi siempre cuando hablamos del proceso del desarrollo de una u otra verdad de la fe. Los oponentes de la religión, en general, demuestran las vinculaciones de las ideas que se atravesaban, penetraban e influían una a otra. Esto según ellos era cuestión del

---

158 Hch 7, 59.
159 1Ts 5, 10: *(...) para que, velando o durmiendo, vivamos juntos con él.*
160 1Jn 5, 12.
161 Jn 11, 25.
162 *Traducción del Nuevo Mundo de las Santas Escrituras, 1987.*
163 Hbr 1, 2.

ambiente o de las condiciones internas y externas en las cuales circulaban, es decir cuestión de la coincidencia, y no de ninguna revelación.

Sin embargo si se acepta o reconoce la idea de la divina procedencia del ser humano, o sea su procedencia de una sola fuente, hay que reconocer a la vez algo como "pre-revelación", que tapado por el pecado y el proceso del alejamiento de Dios, se volvió nebuloso, no obstante seguía oculto en las más profundas capas de la identidad humana. Con otras palabras: No podemos excluir la idea, que Dios al crear al hombre le dio el conocimiento de lo divino y lo humano. El pecado nubló ese conocimiento, pero no lo eliminó totalmente. Toda la historia del hombre la podríamos comparar con la búsqueda del conocimiento perdido; creemos que no sin la ayuda de Dios. Esta búsqueda encontró su soporte divino pleno en el seno de los descendientes de Abraham, sin embargo usaba también como sus "herramientas" las ideas o respuestas parciales de otras culturas y religiones; y esto no excluye su veracidad.

Parece que no solo los testigos de Jehová tienen, sobre la vida futura, la visión distinta a la nuestra.

Generalmente, en una gran simplificación, podemos hablar de tres grupos de opiniones: ortodoxa, protestante y católica.

La ortodoxia (identificada con el cristianismo oriental) siguiendo, por decirlo así, a san Efrén de Siria (306-373), en su mayoría, comprenden el estado entre la muerte y la resurrección como el "sueño del alma" (hipnopsiquismo). Sin embargo eso no impide orar a la Virgen María ni a los santos, como si ellos no estuvieran en el sueño sino en el contacto consciente con nosotros a través de Dios.[164]

El protestantismo, en su mayoría admite que muere todo el hombre, el alma junto con el cuerpo, y después de esto existe únicamente en la mente divina. Asimismo en el día da la resurrección será llamado a la vida todo el hombre. Esto a su vez significa que la inmortalidad viene más bien de la gracia de la redención y no le corresponde al alma por naturaleza. Este punto de vista en el caso de muchas sectas ha llegado a ser base para enseñar que resucitarán únicamente sus seguidores, otros en cambió morirán para siempre. En el "grupo protestante" podemos mencionar también aquellos quienes no aceptan ni creen en la existencia del alma, y los que confiesan la convicción sobre la muerte total.

Los católicos, por fin, en su mayoría reconocen que no todo el hombre muere, ya que dura ininterrumpidamente el alma o persona humana, a pesar de su muerte biológica. Y esta duración se deriva de la naturaleza humana, del mismo acto de la creación por Dios; y a la vez es sostenida y fortalecida por la obra de la redención. Algunos, en cambio, afirman que en el momento de la muerte, muere todo el hombre, para resucitar al mismo tiempo, en un cuerpo invisible.

Para concluir la temática de la vida de más allá hay que subrayar algo muy importante, ya que la ignorancia al respecto puede producir muchos malentendidos y confusiones. Cuando hablamos de la permanencia del alma o persona humana después de la muerte, tenemos que darnos cuenta de la diferencia semántica, o del distinto significado de tales términos como *tiempo*, *espacio*, *eternidad*. Al morir el hombre deja pues nuestra dimensión terrestre, para entrar en otra. Nosotros en cambio no tenemos herramientas adecuadas para poder describirla, porque estamos

[164] Bartnik 2, p. 844.

sumergidos en el tiempo y espacio de la tierra, y sin querer seguimos midiendo lo de "allá" con las medidas de "acá", y no siempre nos acordamos que solo acá hoy es hoy, pasado es pasado, y futuro es futuro. Cuando no existe el tiempo, todas estas categorías pierden su significado. Incluso puede valer la afirmación que dice que si después de la muerte del hombre termina para él todo el tiempo (cualquier tiempo), entonces de su punto de vista no existiría ningún estado intermedio entre la muerte y la resurrección, ya que todo, incluso la resurrección y el juicio final, acontecería en el momento de morir. Es decir "al otro lado" no existiría ninguna espera al fin del mundo. Sólo nosotros "acá" lo esperamos. Sin embargo no debemos limitar las posibilidades divinas, sino asumir la contingencia de la existencia de los tiempo-espacios distintos, analógicos al nuestro.

¿No nos debería extrañar el silencio de la Iglesia primitiva sobre la vida de ultratumba, es decir sobre el estado intermedio de la existencia humana? Para los representantes de otras denominaciones cristianas esto es una prueba de que la doctrina católica al respecto tiene sus raíces en las enseñanzas tardías y no en la revelación divina.

De hecho nos encontramos con estas acusaciones frecuentemente. Sin embargo estas emergen más bien de la ignorancia de la problemática. Las cuestiones de la vida después de la muerte no fueron tratadas por los primeros cristianos porque no constituían ninguna novedad. La Iglesia las asimiló del pensamiento judío. Solo con el tiempo comenzó a adaptarlas a la visión cristiana emergente de la reflexión cristológica. Con otras palabras: No se hablaba mucho sobre la vida después de la muerte porque todos los cristianos crecieron en el ambiente en el cual la convicción sobre su existencia era común y fuerte. Todos conocían esta temática, tanto de la tradición en la cual vivían como de la elocuencia de las enseñanzas de Cristo. Además, y esto no lo debemos olvidar, dominaba un convencimiento común que el fin del mundo, la segunda venida de Cristo y la resurrección llegarían muy temprano. ¿Para qué, entonces, dedicarse a la reflexión sobre lo que muy pronto iba a acabar?

Al principio, lo cual es lógico, todo el acento de la predicación se posaba en la persona de Cristo. Con el tiempo los cristianos se dieron cuenta de que su persona, su misión y su obra influyeron mucho más al mundo humano, en todos sus aspectos, incluyendo la vida futura. Por ejemplo: El Antiguo Testamento elaboró la idea de la comunión con Yahvé, como la que no se somete a las consecuencias del transcurso del tiempo. El Nuevo Testamento permitió ver esa unión de manera más personal, como la unión con Cristo. Podríamos apoyarnos aquí en algunas afirmaciones del Nuevo Testamento, que según nos damos cuenta, influyeron mucho a la reflexión teológica.

En ella[165] *estaba la vida y la vida era la luz de los hombres.*[166]

Porque, como el Padre resucita a los muertos y les da la vida, así también el Hijo da la vida a los que quiere.[167]

Yo les doy vida eterna y no perecerán jamás (...).[168]

Pues el salario del pecado es la muerte; pero el don gratuito de Dios, la vida eterna en Cristo Jesús Señor nuestro.[169]

---

165 *Palabra, es decir Jesucristo.*
166 Jn 1, 4.
167 Jn 5, 21.
168 Jn 10, 28.

Pues para mí la vida es Cristo, y la muerte, una ganancia. Me siento apremiado por las dos partes: por una parte, deseo partir y estar con Cristo, lo cual, ciertamente, es con mucho lo mejor.[170]

Pablo, apóstol de Cristo Jesús por voluntad de Dios para anunciar la Promesa de vida que está en Cristo Jesús.[171]

Y este es el testimonio: que Dios nos ha dado vida eterna y esta vida está en su Hijo.[172]

Sin embargo, si se trata precisamente de los elementos del futuro escatológico, el primero realizado en la predicación fue la resurrección. Sobre ella hablaron todos los símbolos de la fe. El más antiguo que la menciona es el que fue encontrado en el papiro procedente del siglo VI, denominado como papiro *Dêr Balyzeh*, que se refiere a la liturgia del siglo IV. Sin embargo el mismo símbolo es seguramente mucho más antiguo. Algunos lo datan al siglo II: *Creo en Dios omnipotente y en su Hijo unigénito, nuestro Señor Jesucristo, y en el Espíritu Santo, y* ***en la resurrección de la carne****, en la santa Iglesia Católica.*[173] Y precisamente la resurrección, interpretada desde el punto de vista cristiano, fue una novedad que encontraba oposición y el rechazo en el mundo griego pagano. Es suficiente recordar aquí lo que pasó a san Pablo en Atenas: *Al oír la resurrección de los muertos, unos se burlaron y otros dijeron: «Sobre esto ya te oiremos otra vez.*[174]

Podríamos decir que en el ambiente cristiano en los primeros siglos el tema de la resurrección fue indiscutible. Generalmente en el Oriente se hablaba sobre la resurrección *de los muertos* y en el Occidente sobre la resurrección *del cuerpo.* Los problemas comenzaron cuando se iniciaron los intentos de definir la corporalidad de la resurrección. Ya que algunos negaban su materialidad, fue necesaria la reacción de la Iglesia. En los documentos oficiales existentes, la primera mención al respecto la encontramos a finales del siglo V, donde en la fórmula denominada *Fides Damasi* podemos leer: *Limpios nosotros por su muerte y sangre, creemos que hemos de ser resucitados por Él en el último día en esta carne en que ahora vivimos (...).*[175] Con el tiempo el acento puesto en la materialidad corporal de la resurrección se trasladó más bien, y aún de manera excesiva, a la identidad de los cuerpos, es decir entre el cuerpo temporal y el cuerpo resucitado, como si se tratara de un simple reinicio, sin novedad alguna. Esto a su vez complicó después la reflexión escatológica, porque era relativamente difícil distinguir que fue lo que formaba parte de la esencia de la doctrina y que fue un comentario o un elemento adicional explicativo.

Entonces, como se ha dicho, el primer elemento de la reflexión teológica, en el ambiente escatológico, fue la resurrección. Sin embargo a causa de la prolongación de la espera a la segunda venida de Cristo (entre otras cosas) comenzaron a surgir preguntas sobre el estado de los difuntos. Tanto las preguntas como las respuestas atestiguan como evolucionaba la doctrina al respecto.

¿Cómo entonces cambiaba la doctrina de la Iglesia sobre la suerte de los difuntos?

Precisamente cambiaban los detalles y no la esencia, por eso el mejor verbo sería *cristalizar* y no *cambiar.* Nunca se cuestionaba la existencia del "yo" humano después de su muerte biológica. Este "yo" se lo llamaba "alma". En general podríamos aquí hacer una comparación del desarrollo

---

169 Rm 6, 23.
170 Flp 1, 21.23
171 2Tm 1, 1.
172 1Jn 5, 11.
173 DH 2
174 Hch 17, 32.
175 DH 72

de la doctrina con la búsqueda de algo en un ambiente oscuro y nebuloso, donde como linterna servían algunas, relativamente pocas, citas bíblicas; entre otras también las recién mencionadas. Comparando con el estado heredado del Antiguo Testamento, cambió sobre todo la manera de ver la "intermedialidad". No olvidemos que la reflexión teológica veterotestamentaria sobre el futuro, en muchos aspectos fue marcada por la espera de la venida del Mesías. Mientras tanto la reflexión neotestamentaria partió de la convicción de que el esperado Mesías vino ya. Esto a su vez quiso decir que una parte de la promesa se había cumplido. Sin embargo con esto nació un problema nuevo: ¿En qué medida, y concerniente a qué la promesa divina encontró ya su cumplimiento? ¿Únicamente en lo relacionado con el Mesías, en lo que se reduce a la historia concreta, o también en lo que es independiente del lugar y el tiempo? Hoy en día nosotros podríamos indagar sobre lo mismo preguntando si desde nuestro punto de vista la venida del Mesías influyó sólo al pasado o sigue influyendo a través del tiempo y fuera de él? La respuesta parece clara. La venida de Cristo, y mucho más su obra redentora, influyó a toda la realidad que es mucho más amplia que nuestro tiempo-espacio. San Pedro lo expresó así: *Cristo, para llevarnos a Dios, murió una sola vez por los pecados, el justo por los injustos, muerto en la carne, vivificado en el espíritu. En el espíritu fue también a predicar a los espíritus encarcelados, en otro tiempo incrédulos (...).*[176] La Iglesia comprendió que no todo lo que trataba como "aún no", lo era en realidad. Por ejemplo si era verdad que Jesús con su obra nos abrió el acceso al cielo, ¿cuál sería la razón de dejar a los difuntos que esperaran en el Sheol hasta la venida de Cristo y hasta la resurrección? – como se lo presentaba en los tiempos de la Iglesia antigua.

No sabemos precisamente cuando se produjo este cambio de la perspectiva. Lo que sí sabemos es que en toda la literatura patrística dominaba la convicción de que el premio celestial aún esperaba a los difuntos. Por otro lado también sabemos que en el año 1241 la Universidad de Paris, que en aquel entonces fue como corazón o cerebro del magisterio de la Iglesia, frente a las disputas declaró que los difuntos que ya no necesitan purificación no tienen que esperar en el estado intermedio y que ya gozan de la estadía en el cielo. Los elementos parecidos se encontraron también después en las actas del Concilio II de Lyón del 1274, en la confesión de fe del emperador griego Miguel Paleólogo[177], donde además podemos leer sobre la pena inmediata del infierno y sobre la posibilidad de purificarse después de morir. En el espíritu semejante enseñaba también el papa Juan XXII (+1334), sin embargo bajo la lectura de los escritos de los Padres de la Iglesia, comenzó a dudar, para después dedicarse a la exposición de la verdad sobre el estado intermedio de los difuntos, el cual habría de terminar con la resurrección y el Juicio Final. Hasta entonces los santos permanecerían *debajo del altar*[178], es decir bajo el manto de la humanidad de Cristo y sumergidos en la esperanza. Solo después del juicio entrarían "a través" del altar a la directa contemplación de Dios. Este paso, desde un estado hacia otro, significaría a la vez la entrega del Reino al Padre, según lo anuncia la Carta a los corintios.[179]

No obstante, dichas opiniones despertaron una fuerte disputa, ya que desde hace mucho dominaba ya una convicción distinta. Frente a las confusiones y la inseguridad el sucesor de Juan XXII, el papa Benedicto XII decidió definir de manera definitiva la convicción y la fe universal de la Iglesia Católica. Lo hizo, después de una investigación detallada, confiada a un gremio de

---

176 1P 3, 18-20.
177 DH 856-858.
178 Ap 6, 9.
179 1Co 15, 24: *Luego, el fin, cuando entregue a Dios Padre el Reino, después de haber destruido todo Principado, Dominación y Potestad.*

teólogos, en la bula *Benedictus Deus* del 29 de enero del 1336, y con esto abrió una etapa nueva en la enseñanza teológica respecto a la escatología:

Definimos con la autoridad apostólica: que, según la disposición general de Dios, las almas de todos los santos [...] y de todos los demás fieles muertos después de recibir el Bautismo de Cristo en los que no había nada que purificar cuando murieron [...]; o en caso de que tuvieran o tengan algo que purificar, una vez que estén purificadas después de la muerte [...] aun antes de la reasunción de sus cuerpos y del juicio final, después de la Ascensión al cielo del Salvador, Jesucristo Nuestro Señor, estuvieron, están y estarán en el cielo, en el Reino de los cielos y paraíso celestial con Cristo, admitidos en la compañía de los ángeles. Y después de la muerte y pasión de nuestro Señor Jesucristo vieron y ven la divina esencia con una visión intuitiva y cara a cara, sin mediación de ninguna criatura.[180]

Algunos podrían escandalizarse que con el contenido de la bula la Iglesia se contrapusiera a las opiniones dominantes en la época patrística. Para ellos esto podría ser incluso una prueba que la doctrina de la Iglesia se basa en las opiniones de la gente y no en la Palabra de Dios, porque ésta es eterna y no cambia. Por lo tanto no olvidemos que los escritos teológicos no son Biblia. No expresan la verdad como tal[181], sino reflejan la búsqueda de ella y a la vez dan testimonio de esto en su época. Aceptar o rechazarlos no tiene que ver nada con la aceptación o el rechazo de la verdad sino con la aceptación o el rechazo del camino. Además, en este caso preciso, que no se nos pierda de vista un detalle esencial. Según lo recalca J. Ratzinger, el elemento central de la expresión del papa Benedicto XII concierne a la cristología, y específicamente a lo que es y significa para nosotros la ascensión de Cristo, la cual tuvo el caracter antropo-histórico. Desde aquel entonces no existe ya el cielo cerrado para el hombre. Está allí Jesucristo, Dios-Hombre, y esto significa que Dios se abre para el hombre. Cada uno que cruza el humbral de la muerte como justificado, como perteneciente a Cristo y recibido por Él, entra en esta apertura de Dios.[182]

Como lo podemos notar, las diferencias en la enseñanza dependen sobre todo de lo que se encuentra en el centro de la reflexión. Cuando se parte del hombre y a la vez del tiempo, hay más probabilidades de deliberar sobre el cuándo y el cómo. En cambio, cuando se parte de la persona de Jesucristo, los elementos tipo "cuándo" y "cómo" pierden su sentido, ya que todo en Cristo es "ahora".

Por otro lado fijémonos que el hablar sobre el paso al cielo o al infierno requiere una anterior clasificación. A ésta en la Iglesia Católica la llamamos **juicio particular** (o personal), y éste forma parte de la llamada escatología individual. No obstante hay que saber que la doctrina del juicio particular no ha sido aún definida. Es más bien como un presupuesto del dogma de que en la hora de la muerte del hombre se efectúa la cristofanía personal, es decir la manifestación de Cristo a la persona humana. En este momento, al contemplarse en Cristo como en un espejo, cada uno conocerá la verdad sobre sí, y esta verdad lo "clasificará" para la vida eterna.

El Magisterio de la Iglesia menciona el juicio particular en su enseñanza respecto a la suerte después de la muerte. El Catecismo, al pronunciarse al respecto, repite las afirmaciones de la bula del papa Benedicto XII y de las declaraciones del Concilio II de Lyón, del Concilio de Florencia y del Concilio de Trento:

---

180 DH 1000.

181 *Excepto los textos dogmáticos oficiales.*

182 Ratzinger, p. 157.

Cada hombre, después de morir, recibe en su alma inmortal su retribución eterna en un juicio particular que refiere su vida a Cristo, bien a través de una purificación, bien para entrar inmediatamente en la bienaventuranza del cielo, bien para condenarse inmediatamente para siempre. [183]

PURGATORIO

En la afirmación del Catecismo recién mencionada aparece la frase "a través de la purificación". ¿Se trata aquí del purgatorio?

Exactamente. Esta es la tercera realidad en la que pueden participar los difuntos después de morir. Aunque su existencia fue y es negada por muchos, comencemos con su explicación, antes de hablar sobre el cielo y el infierno, ya que el purgatorio es un estado transitorio (pasajero) y no eterno. Sobre el purgatorio el Catecismo habla así: *Los que mueren en la gracia y en la amistad de Dios, pero imperfectamente purificados, aunque están seguros de su eterna salvación, sufren después de su muerte una purificación, a fin de obtener la santidad necesaria para entrar en la alegría del cielo. La Iglesia llama purgatorio a esta purificación final de los elegidos que es completamente distinta del castigo de los condenados.*[184]

Según se oye, los no-católicos nos reprochan que la doctrina sobre el purgatorio no se basa en la Palabra de Dios.

Nosotros, en cambio, afirmamos lo contrario. Sin embargo en este caso no la tomamos al pie de la letra sino reflexionamos sobre ella y luego sacamos las conclusiones. Ya en el Antiguo Testamento se encuentra un texto que, sin duda alguna, contiene la idea de la absolución de los pecados después de la muerte, por medio de la expiación de parte de los vivos, gracias a los sacrificios y oraciones. Podemos leer allá que los judíos oraron por los caídos en quienes se habían encontrado objetos consagrados a los ídolos de Jamnia, a fin de que el Señor les perdonara sus pecados; para ello enviaron dos mil dracmas de plata a Jerusalén para que se hicieran sacrificios por el pecado. [185] Estaban, pues, persuadidos de que a los difuntos se les podía liberar de su pecado por medio de la oración y el sacrificio.[186] El problema de este texto es que los protestantes no lo consideran canónico, ya que forma parte de Libro de los Macabeos que, según ellos, no pertenece al canón de la Biblia. Asimismo declaran los testigos de Jehová.

La misma objeción, unos y otros la levantan contra el texto de Libro de Sirácides, llamado también Eclesiástico, donde leemos sobre la obligación de demostrar un tipo de misericordia espiritual para con los difuntos: *La gracia de tu dádiva llegue a todo viviente, ni siquiera a los muertos les rehúses tu gracia.*[187] Los que murieron nos son presentados aquí como los que ya no existen, incluso no como los existentes en la situación absolutamente definitiva, sino como los que se encuentran en una cierta desgracia y que necesitan de nuestra ayuda.

Que no se nos pierda también el texto aún más enigmático que se encuentra en el Libro de Tobías, que por las razones ya mencionadas, también es rechazado por los protestantes y los testigos de Jehová: *Da de tu pan al hambriento y de tus vestidos al desnudo. Haz limosna de todo cuanto te sobra; y no tenga rencilla tu ojo cuando hagas limosna. Esparce tu pan sobre la tumba de los justos, pero no lo des*

[183] CCE 1022 ss.
[184] CCE 1030-1031.
[185] 2M 12, 42-46.
[186] L. Ott, *Manual de teología dogmática*, Barcelona 1997.
[187] Si 7, 33.

a los pecadores.[188] Precisamente se trata de "esparcir el pan sobre la tumba de los justos". Se equivoca quien lo toma literalmente, ya que la Ley prohibía dar comida a los difuntos.[189] Según lo suponemos aquí se habla sobre las limosnas en honor de los difuntos, o sobre algunos sacrificios expiativos por ellos.[190]

En el Nuevo Testamento a su vez, en el Evangelio según san Mateo, capítulo 12, se encuentra una frase no menos misteriosa, que habla sobre el pecado contra el Espíritu Santo: *Al que diga una palabra contra el Hijo del hombre, se le perdonará; pero al que la diga contra el Espíritu Santo, no se le perdonará ni en este mundo ni en el otro.*[191] Generalmente al leer esta frase muchos intentan descubrir de qué pecado se trata. Sin embargo aquí se halla también otro elemento, no menos inquietante: ¿Cuál es este mundo futuro? Además si el pecado contra el Espíritu Santo no será ni acá ni allá perdonado, esto también supone, que otros pecados sí podrán ser perdonados *allá.* San Gregorio Magno enseñaba: *Respecto a ciertas faltas ligeras, es necesario creer que, antes del juicio, existe un fuego purificador, según lo que afirma Aquel que es la Verdad, al decir que si alguno ha pronunciado una blasfemia contra el Espíritu Santo, esto no le será perdonado ni en este siglo, ni en el futuro (Mt 12, 32). En esta frase podemos entender que algunas faltas pueden ser perdonadas en este siglo, pero otras en el siglo futuro.*[192] En la Iglesia Católica a ese "siglo futuro", o "mundo futuro", simplemente le pusimos el nombre *purgatorio.*

San Pablo al hablar sobre el día del Juicio Final (*el Día*) afirma que entonces se revelará la calidad del hombre y que de ésta dependerá su suerte definitiva. Sin embargo menciona también el fuego purificador, que podrá salvar al hombre: *Pues nadie puede poner otro cimiento que el ya puesto, Jesucristo. Y si uno construye sobre este cimiento con oro, plata, piedras preciosas, madera, heno, paja, la obra de cada cual quedará al descubierto; la manifestará el Día, que ha de revelarse por el fuego. Y la calidad de la obra de cada cual, la probará el fuego. Aquél, cuya obra, construida sobre el cimiento, resista, recibirá la recompensa. Mas aquél, cuya obra quede abrasada, sufrirá el daño. El, no obstante, quedará a salvo, pero como quien pasa a través del fuego.*[193]

Sin duda alguna san Pablo se refiere aquí a la simbología usada ya por el profeta Zacarías: *Y sucederá en toda esta tierra - oráculo de Yahveh - que dos tercios serán en ella exterminados (perecerán) y el otro tercio quedará en ella. Yo meteré en el fuego este tercio: los purgaré como se purga la plata y los probaré como se prueba el oro. Invocará él mi nombre y yo le responderé; diré: «¡Él es mi pueblo!» y él dirá: «¡Yahveh es mi Dios!».*[194]

Ahora ¿cómo comprender estos textos? Podemos ir por los atajos y, sin embargo, sacar conclusiones erróneas, como lo hacen muchos, o podemos intentar de comprender como la simbología del fuego era entendida por el mismo Pablo. Para eso debemos hacer un poco de esfuerzo e investigar en los documentos de la historia. Encontraremos allá las huellas de la llamada escuela de Shamai[195], contemporánea a Pablo. Según la doctrina de esa escuela hay tres categorías de las sentencias divinas: la sentencia de la vida eterna para los justos, la sentencia de la

---

188 Tb 4, 16-17.
189 *Cf.* Dt 26, 14: *Nada de ello he comido estando en duelo, nada he retirado hallándome impuro, nada he ofrecido a un muerto. He escuchado la voz de Yahveh mi Dios y he obrado conforme a todo lo que me has mandado.*
190 Bartnik 2, p. 855
191 Mt 12, 32.
192 San Gregorio Magno, *Dialogi* 4, 41, 3, en: CCE 1031.
193 1Co 3, 11-15.
194 Za 13, 8-9.
195 *http://es.wikipedia.org/wiki/Shamai*; 17.11.2014.

eterna ignominia para los que rechazan y quebrantan la Ley, y por fin, la sentencia de la purgación en la Gehena (Ge Hinnom) [196], para los que no son completamente justos pero que tampoco rechazan totalmente a Dios. Estos terceros habrían de ser sometidos a la actuación del fuego purificador. En esta luz podemos decir que san Pablo al hablar sobre el *fuego de la prueba* ve la posibilidad de salvarse incluso después de la muerte.

Todos estos textos aquí mencionados nos llevan hacia una conclusión de que aunque la suerte del hombre se determina en el momento de la muerte, sin embargo esta suerte no tiene que cumplirse en el mismo momento de morir. La decisión esencial de la vida humana puede ser tapada por las decisiones de carácter secundario. Por lo tanto hay que limpiarse y liberarse de ellas. Este "estado intermedio" de purificación y liberación, en la tradición del Occidente se llama purgatorio.[197]

¿Es verdad que durante los primeros siglos del cristianismo no se hablaba sobre el purgatorio?

Sí, hay que reconocer que la verdad sobre el purgatorio durante mucho tiempo no encontraba su lugar adecuado en la reflexión teológica. Fue así, porque como tal no pertenecía a las verdades fundamentales del cristianismo. Sin embargo estaba presente en la Iglesia desde el principio: en las oraciones por los difuntos (ya desde el siglo II), en las plegarias eucarísticas (desde el siglo III), en las *Constituciones Apostólicas* (siglo IV) y otras. De manera especial cabía en la teoría y la práctica penitencial eclesiástica, la cual –según se opinaba- podía ser cumplida incluso después de la muerte, ya que únicamente los limpios y santos tienen el acceso a Dios. La mencionaban únicamente de manera más bien esporádica Clemente de Alejandría, Tertuliano, Orígenes, san Cipriano, san Gregorio de Nisa, san Juan Crisóstomo, san Agustín, san Cesáreo de Arlés. Sus grandes méritos al respecto tuvo especialmente san Juan Crisóstomo, a quien hasta hoy sigue casi todo el Oriente cristiano. Rechazó totalmente la apocatástasis, es decir el concepto según el cual en el fin de los tiempos, todos, pecadores y no pecadores, volverán a ser uno con Dios. Repudió también el "fuego purificador". Sin embargo aceptó el estado intermedio entre la muerte y la resurrección, con sus respectivos grados de felicidad o miseria, conforme al grado de la justificación y santificación alcanzado en la vida terrenal. Resaltó la intercesión: los santos interceden por los vivos y los vivos pueden ayudar a las almas en el Hades por la Eucaristía, oración y limosna. No obstante los muertos por sí mismos, según él, ya no pueden cambiar nada, su sufrimiento no tiene carácter expiatorio y purificador.[198]

En el Occidente, en cambio, el impulso para el desarrollo amplio de la doctrina de la purgación después de morir lo dio Pascasio Radberto (+865), aunque el mismo término *purgatorio* por primera vez apareció en los escritos de Hidelbert de Lavardin (+1133). No obstante los teólogos de aquel tiempo abarcaban (abrazaban) esa verdad superficialmente y de manera terrenal, como un reformatorio de carácter penitenciario y penal-represivo, con el fuego comprendido de manera física y material. Todo esto con una reserva de que las almas del purgatorio ya están seguramente destinadas al cielo.

No olvidemos que en el año 1054 se efectuó una gran escisión en la Iglesia. Desde aquel entonces existieron ya dos ramas separadas del cristianismo: la Iglesia latina (de Roma, occidental, o

[196] *http://es.wikipedia.org/wiki/Gehena*; 17.11.2014.
[197] Ratzinger, p. 239.
[198] Bartnik 2, p. 857.

católica) y las Iglesias Ortodoxas, cada una con sus tradiciones y enfoques teológicos. Por lo tanto no nos debe sorprender que los esfuerzos teológicos de unos, sobre cualquier tema, fueran tratados de manera sospechosa por otros. En general el Oriente cristiano no compartía interés de la teología occidental en conocer detalladamente, describir y reflexionar sobre la suerte de los muertos. Se quedó con las enseñanzas de san Juan Crisóstomo al respecto. Por lo tanto el Concilio de Lyon I del año 1245 que por primera vez mencionó el término *purgatorio*, reconoció también que esta realidad era desconocida en el Oriente (*entre los griegos*), aunque allá se practicaba la oración por los difuntos. Lo que el Concilio propuso a los griegos fue que ellos aceptaran el nombre de la realidad que en práctica confesaban: *...y como los mismo griegos se dice que creen y afirman verdadera e indudablemente que las almas de aquellos que mueren, recibida la penitencia, pero sin cumplirla; o sin pecado mortal, pero sí veniales y menudos, son purificados después de la muerte y pueden ser ayudados por los sufragios de la Iglesia; puesto que dicen que el lugar de esta purgación no les ha sido indicado por sus doctores con nombre cierto y propio, nosotros, que de acuerdo con las tradiciones y autoridades de los santos Padres lo llamamos "purgatorio", queremos que en adelante se llame con este nombre también entre ellos. Porque con aquel fuego transitorio se purgan ciertamente los pecados, no los criminales o capitales, que no hubieran antes sido perdonados por la penitencia, sino los pequeños y menudos, que aún después de la muerte pesan, si bien fueron perdonados en vida.*[199]

Aquí alguien podría preguntar: ¿Por qué la Iglesia oficial esperaba tanto tiempo para tomar la palabra acerca del purgatorio? A ellos les conviene recordar que el Magisterio de la Iglesia se pronunciaba especialmente frente al torcimiento de la doctrina, en contra de las enseñanzas erróneas y por ende peligrosas. Así, sobre todo, surgían los dogmas. Además en el caso del purgatorio no nos debe sorprender la particular prudencia (o precaución) de la Iglesia en hablar sobre la posibilidad penitenciaria después de la muerte. Al enfocarse demasiado en ella, se podía, sin querer, debilitar el significado y la importancia de los sacramentos en la tierra, durante la vida, especialmente del bautismo y de la penitencia.

De manera más amplia trató el tema del purgatorio el Concilio de Lyón II del año 1274. Ya que ese concilio había de preparar la unión de la Iglesia de Roma con las Iglesias Ortodoxas, fue necesario hablar sobre el purgatorio de manera prudente. Por lo tanto en los documentos conciliares no apareció la categoría del fuego purificador, dando espacio a los elementos comunes para ambas Iglesias: *Y si verdaderamente arrepentidos murieren en caridad antes de haber satisfecho con frutos dignos de penitencia por sus comisiones y omisiones, sus almas son purificadas después de la muerte con penas que lavan y purifican, como nos ha explicado fray Juan [Parastron OFM]; y para alivio de esas penas les aprovechan los sufragios de los fieles vivos, a saber, los sacrificios de las misas, las oraciones y limosnas, y otros oficios de piedad, que, según las instituciones de la Iglesia, unos fieles acostumbran hacer en favor de otros.*[200]

El Concilio de Ferrara-Florencia del año 1439 prácticamente repitió las mismas declaraciones al respecto.[201]

En el siglo XVI, se produjo la siguiente ruptura en el seno de la Iglesia, iniciada en el año 1517 con la intervención de Martín Lutero (+1546). Así surgieron las Iglesias protestantes las cuales rechazaron muchas de las prácticas católicas, entre ellas también la oración por los difuntos. Fue la consecuencia de negar la canonicidad de los Libros de Macabeos (entre otras), en las cuales se basa uno de los argumentos bíblicos a favor de la oración por los muertos y por ende a favor del

199 DH 838.
200 DH 856.
201 DH 1304.

purgatorio. Además los protestantes se opusieron vehementemente a las exageraciones en el campo de las indulgencias que en aquel momento histórico se parecían más al negocio que a la piedad verdadera. Por lo tanto, frente a estos nuevos desafíos la Iglesia católica, en el Concilio de Trento, en la sesión XXV, en el año 1563, repitió la doctrina católica sobre el purgatorio y a la vez intervino en contra de los abusos prácticos al respecto: *Puesto que la Iglesia católica, ilustrada por el Espíritu Santo, apoyada en las sagradas Letras y en la antigua tradición de los padres ha enseñado en los sagrados Concilios y últimamente en este ecuménico Concilio que existe el purgatorio y que las almas allí detenidas son ayudadas por los sufragios de los fieles y particularmente por el aceptable sacrificio del altar; manda el santo Concilio a los obispos que diligentemente se esfuercen para que la sana doctrina sobre el purgatorio, enseñada por los santos padres y sagrados Concilios sea creída, mantenida, enseñada y en todas partes predicada por los fieles de Cristo. Delante, empero, del pueblo rudo, exclúyanse de las predicaciones populares las cuestiones demasiado difíciles y sutiles, y las que no contribuyan a la edificación y de las que la mayor parte de las veces no se sigue acrecentamiento alguno de piedad. Igualmente no permitan que sean divulgadas y tratadas las materias inciertas y que tienen apariencia de falsedad. Aquéllas, empero, que tocan a cierta curiosidad y superstición, o saben a torpe lucro, prohíbanlas como escándalos y piedras de tropiezo para los fieles...*[202]

La doctrina del Concilio de Trento fue recordada y repetida por el Concilio Vaticano II en la Constitución dogmática Lumen Gentium[203]. En el mismo espíritu la resumió el Catecismo del año 1992: *Los que mueren en la gracia y en la amistad de Dios, pero imperfectamente purificados, aunque están seguros de su eterna salvación, sufren después de su muerte una purificación, a fin de obtener la santidad necesaria para entrar en la alegría del cielo.*[204]

¿Cómo podríamos describir el proceso de la purificación de las almas en el purgatorio?

Al principio la teología cristiana describía el purgatorio como una parte del Sheol hebraíco, en cierta analogía con el infierno penal, aunque siempre acentuando su carácter temporal. Además se lo vinculaba con la severa justicia y disciplina penal divina y con la rigurosa "penitencia eclesial". La purificación del alma hubiera de consistir sobre todo en el soporte de sufrimientos, en humillación existencial y en diferentes y múltiples castigos. Se imaginaba al purgatorio como un lugar entre el cielo y el infierno, aunque más "cerca" al infierno, con un inmenso fuego ardiente penal, de carácter físico. Es decir las almas hubieran de hacer la penitencia severa, por todo lo que no lograron sufrir en la penitencia eclesial en la tierra.[205]

Con el tiempo, como ya lo vimos, el Magisterio de la Iglesia dejó de servirse de las imágenes del "lugar" del purgatorio y del fuego físico. Además dejó de acentuar su carácter penal-represivo. En cambio, comenzó a recalcar que el purgatorio es más bien el "estado" espiritual de la existencia del alma, que se purifica y alcanza la quita de los pecados y culpas veniales (no mortales, no perdonados en la tierra) y las penas temporales debidas por los pecados, se despoja de las malas inclinaciones, pensamientos, deseos, y sobre todo adquiere la pureza espiritual, perfección y santidad del hijo de Dios, para poder presentarse frente al rostro divino. Todo esto se efectúa a través del amor que es *vínculo de la perfección*[206].

---

[202] DH 1820.
[203] LG 49-51; DH 4169-4171.
[204] CCE 1030.1054
[205] Bartnik 2, p. 859.
[206] Col 3, 14.

Con otras palabras podríamos decir que el purgatorio es un encuentro con Dios en Jesucristo resucitado y glorificado, aunque a semejanza de la aurora del sol saliente, al cual no se contempla de manera directa. Por lo tanto se relaciona con la más profunda necesidad del alma que quiere encenderse en el amor, y así recuperar su dignidad de la persona creada por Dios y redimida por el sacrificio divino en la cruz.

Al final hay que recalcar que no se debe tratar al purgatorio como un tema aislado de la enseñanza sobre Jesucristo, sobre su Iglesia y, en general, de la historia universal de la salvación. Gracias al purgatorio podemos ver más claramente como la salvación realizada en la cruz no deja de efectuarse a través de los tiempos y más allá de ellos. De todas las indisposiciones, esfuerzos, luchas por el bien, sufrimientos, de todo este mar de la experiencia humana, en el cual se sumergió el Hijo de Dios en su encarnación, emerge la mística purificación de la humanidad, la *blanqueadura de las vestiduras*[207] del hombre y el acrecentamiento de su esencial anhelo del Padre Celestial. Todo esto tiene su inicio aquí, en la tierra. Sin embargo si el hombre no logra aquí alcanzar esta cima, es decir no logra madurar para el encuentro con el Padre cara a cara, y si, a la vez, no pone resistencia al amor, se le será dada la gracia del purgatorio, el "tiempo" de la definitiva e intensa ayuda de parte de la eternidad. Por lo tanto el purgatorio aparece como un estado y una sensación de la inmensa lejanía de la santidad de Dios y, a la vez, un sentimiento de la justicia y de la equidad, y, por fin, un movimiento potente del alma hacia su santidad.[208]

En todo este proceso, los que aún quedan en la tierra pueden ayudar a las almas del purgatorio con las obras del amor: la oración, la Eucaristía, la limosna y los actos de misericordia.

Así pues, como podemos ver, la doctrina del purgatorio no solo no es nada artificial y extraño para con la revelación divina, sino al contrario, demuestra el poder del amor que no se limita únicamente a la realidad de la tierra, sino que atraviesa el umbral del tiempo, y abarca, y vincula más estrechamente, a Dios con su pueblo, y a los hombres, unos con otros.

PARUSÍA

Ha llegado el tiempo que nos dediquemos a la interpretación de la afirmación del Credo: *Y de nuevo vendrá con gloria para juzgar a los vivo y a los muertos.* ¿De qué se trata con este *vendrá con gloria*?

Hablamos aquí sobre lo que la teología llama *parusía*, es decir sobre la siguiente venida de Cristo en el día del Juicio Final. El mismo Hijo de Dios quien hace dos mil años se encarnó y vino al mundo en la extrema pobreza y humildad, vendrá -como lo creemos- una vez más al final de los tiempos, en gloria y con el poder para concluir los tiempos e inaugurar la eternidad.

Sobre su futura venida hablaba el mismo Jesucristo: *Cuando el Hijo del hombre* ***venga en su gloria*** *acompañado de todos sus ángeles, entonces se sentará en su trono de gloria.*[209] *Porque quien se avergüence de mí y de mis palabras en esta generación adúltera y pecadora, también el Hijo del hombre se avergonzará de él cuando* ***venga en la gloria*** *de su Padre con los santos ángeles.*[210]

---

207 Cf. Ap 7, 14.
208 Bartnik 2, p. 862.
209 Mt 25, 31.
210 Mc 8, 38; También: Lc 9, 26.

Además el anuncio de la segunda venida de Jesús lo pone el autor de los Hechos de los Apóstoles en la boca de los ángeles (*dos hombres vestidos de blanco*) en el día de la ascensión: *Galileos, ¿qué hacéis ahí mirando al cielo? Este que os ha sido llevado, este mismo Jesús, vendrá así tal como le habéis visto subir al cielo.*[211] Desde aquel entonces este anuncio comenzó a formar parte esencial de la predicación de la Iglesia de Cristo, hasta convertirse en un suspiro que concluye toda la Biblia: *¡Amén! ¡Ven, Señor Jesús!*[212]

Desde el punto de vista lingüístico el término *parusía* significa en primer lugar *presencia*, *venida*, *llegada*, sin embargo en el Nuevo Testamento es usado siempre en el contexto escatológico, para significar precisamente lo referido hasta ahora. Por ejemplo:

- *Estando luego sentado en el monte de los Olivos, se acercaron a él en privado sus discípulos, y le dijeron: «Dinos cuándo sucederá eso, y cuál será la señal de* ***tu venida*** *y del fin del mundo.»*[213];
- *En cuanto a vosotros, que el Señor os haga progresar y sobreabundar en el amor de unos con otros, y en el amor para con todos, como es nuestro amor para con vosotros, para que se consoliden vuestros corazones con santidad irreprochable ante Dios, nuestro Padre, en* ***la Venida*** *de nuestro Señor Jesucristo, con todos sus santos.*[214]
- *Pues del mismo modo que en Adán mueren todos, así también todos revivirán en Cristo. Pero cada cual en su rango: Cristo como primicias; luego los de Cristo en* ***su Venida.***[215]
- *Tened, pues, paciencia, hermanos, hasta* ***la Venida*** *del Señor. Mirad: el labrador espera el fruto precioso de la tierra aguardándolo con paciencia hasta recibir las lluvias tempranas y tardías. Tened también vosotros paciencia; fortaleced vuestros corazones porque* ***la Venida*** *del Señor está cerca.*[216]
- *Y ahora, hijos míos, permaneced en él para que, cuando se manifieste, tengamos plena confianza y no quedemos avergonzados lejos de él en su Venida.*[217]

El mismo sentido expresan también otros términos, que aparecen en el Nuevo Testamento, por ejemplo *revelación* (en griego *apokalipsis*): *Así, ya no os falta ningún don de gracia a los que esperáis la* ***Revelación*** *de nuestro Señor Jesucristo.*[218] Lo mismo significa allá el término *manifestación* o *epifanía* (en griego *epifaneia*): ... *que conserves el mandato sin tacha ni culpa hasta la* ***Manifestación*** *de nuestro Señor Jesucristo.*[219]

La *parusía*, siendo hoy algo propio cristiano, teológicamente emerge ya del Antiguo Testamento, de la idea de la venida continua de Dios hacia su pueblo. Esta "venida" comenzó en el acto de la creación, seguía a través de la historia del Pueblo de Israel y habría de concluir en la triunfal venida de Dios en el llamado *Día de Yahvé*[220]. Los cristianos comprendieron que esa venida tiene también su especial etapa final, la cual fue inaugurada con la encarnación del Hijo de Dios, cuando *la Palabra se hizo carne, y puso su Morada entre nosotros*[221], ya que así de manera perfecta se

---

211 Hch 1, 11.
212 Ap 22, 20.
213 Mt 24, 3; *Además*: Mt 24, 27.37.39
214 1Ts 3, 13; *Además*: 1Ts 2, 19; 4, 15; 5, 23; 2Ts 2, 1.8; 2P 1, 16; 4, 12.
215 1Co 15, 22-23.
216 St 5, 7-8
217 1J 2, 28.
218 1Co 1, 7.
219 1Tm 6, 14; *También*: 2Tm 1, 10; 4, 18; Tt 2, 13.
220 Am 5, 18; Jl 1, 15; Is 2, 12-22.
221 Jn 1, 14.

cumplió el oráculo del Señor sobre el Emmanuel, es decir Dios con nosotros.[222] De este modo el esperado Día de Yahvé será más bien Día del Mesías, es decir de Jesucristo, según la antigua visión del profeta Daniel: *Y he aquí que en las nubes del cielo venía como un Hijo de hombre. Se dirigió hacia el Anciano y fue llevado a su presencia. A él se le dio imperio, honor y reino, y todos los pueblos, naciones y lenguas le sirvieron. Su imperio es un imperio eterno, que nunca pasará, y su reino no será destruido jamás.*[223]

¿La Biblia nos proporciona algunos detalles sobre este día?

A decir la verdad disponemos únicamente de las imágenes que ilustran ese día. Éstas, a su vez, concuerdan con la manera común de comprenderlo de la época del ocaso del Antiguo Testamento, aumentadas por los elementos de los cultos políticos y enriquecidas con los elementos propios cristianos. Según ellos el imperio de Jesucristo estuvo contrapuesto al poderío del emperador. Joseph Ratzinger en su libro ya citado aclara además que la simbólica cósmica neotestamentaria de la parusía está expresada con el lenguaje litúrgico, ya que la liturgia de los emperadores romanos se servía de los símbolos cósmicos. El César, según las tradiciones del Oriente antiguo, fue una figura cósmica, culmen del mundo visible, en quien el mundo alcanzaba lo divino.[224] De la liturgia veterostemantaria, a su vez, fueron tomados los elementos del gritar[225] (del llamar) y de las trompetas[226], específicos para la fiesta del Año Nuevo y de la luna nueva. Por lo tanto Jesucristo de la *parusía* es demostrado de doble manera como quien quita el poderío a las potestades antiguas. Su entrada es manifestación del verdadero soberano y significa el fin de la sumisión del hombre a los *elementos del mundo*[227] y a la vez la llegada del Nuevo Año del Señor, del banquete eterno preparado por Él a los suyos.[228] Al contemplar el contenido de estas descripciones nos damos cuenta que, tanto la obra de la creación como la obra de la consumación, están cubiertas por un velo del misterio. Cualquier intento de su desciframiento literal y la traducción al lenguaje natural termina frecuentemente con malentendidos y puede incluso exponerse al ridículo.

¿Tenemos en la Biblia algunas pistas acerca del cuándo podrá realizarse la venida de Jesucristo?

Primeramente debemos saber que desde el siglo II antes de Cristo existía una muy viva y fuerte convicción de que el Día de Yahvé se efectuaría muy pronto. Parece que la misma convicción aún aumentó entre los cristianos para con la parusía de Jesucristo. Incluso no faltan teólogos que afirman que precisamanete así formulaba este tema el mismo Jesucristo: *Mas por esos días, después de aquella tribulación, el sol se oscurecerá, la luna no dará su resplandor, las estrellas irán cayendo del cielo, y las fuerzas que están en los cielos serán sacudidas. Y entonces verán al Hijo del hombre que viene entre nubes con gran poder y gloria; (...) Yo os aseguro que no pasará esta generación hasta que todo esto suceda.*[229] Lo mismo parece encontrar su confirmación también en el lenguaje de Apocalipsis[230]. Según esos teólogos[231] Jesucristo simplemente expresaba y hacía suyas las convicciones de su época, y al tardar su

[222] Mt 1, 22-23; Is 7, 14.
[223] Dn 7, 13-14.
[224] Ratzinger, p. 221.
[225] Mt 25, 6.
[226] Mt 24, 31; 1Cor 15, 52; 1Ts 4, 16; Ap 8-11.
[227] Ga 4, 3 – *en el sentido moral*; Mt 24, 29 – *en el sentido cósmico.*
[228] Ratzinger, p. 221.
[229] Mc 13, 24-30.
[230] Ap 2, 16; 3, 11; 22, 7.12.22.
[231] *Por ejemplo: R. Bultmann y A. Schweitzer.*

parusía los cristianos se sintieron obligados a darle otra explicación a su espera.[232] Sin embargo nosotros intentamos ver este tema de manera más amplia y sacar conclusiones de las aparentes contradicciones.

¿Cuáles son estas contradicciones en el tema de la venida de Jesucristo?

Hay que repetir que se trata de las contradicciones aparentes, así como, por ejemplo, en el Libro Génesis, en el primero y segundo capítulo, que hablan de la creación del mundo. Aquí se trataría de los signos que habrían de anunciar la parusía. Por un lado tenemos los textos que dicen que no se debe preguntar sobre los detalles del tiempo, porque nadie lo puede conocer: *Mas de aquel día y hora, nadie sabe nada, ni los ángeles en el cielo, ni el Hijo, sino sólo el Padre.*[233] *Velad, por tanto, ya que no sabéis cuándo viene el dueño de la casa, si al atardecer, o a media noche, o al cantar del gallo, o de madrugada. No sea que llegue de improviso y os encuentre dormidos.*[234] Por otro lado se habla precisamente sobre los signos anunciantes: *Habrá señales en el sol, en la luna y en las estrellas; y en la tierra, angustia de las gentes, perplejas por el estruendo del mar y de las olas, muriéndose los hombres de terror y de ansiedad por las cosas que vendrán sobre el mundo; porque las fuerzas de los cielos serán sacudidas.*[235] Habrá guerras, terremotos, hambre y persecución de los cristianos, vendrán usurpadores.[236] Con el tiempo aparece más claramente, como una de las señales, también la figura del Anticristo; primeramente sin usar este término: *Primero tiene que venir la apostasía y manifestarse el Hombre impío, el Hijo de perdición, el Adversario que se eleva sobre todo lo que lleva el nombre de Dios o es objeto de culto, hasta el extremo de sentarse él mismo en el Santuario de Dios y proclamar que él mismo es Dios.*[237] Después el Anticristo recibe ya su propio nombre: *Habéis oído que iba a venir un Anticristo; pues bien, muchos anticristos han aparecido (...) Ese es el Anticristo, el que niega al Padre y al Hijo.*[238]

Ahora bien, si nos fijamos atentamente en todos estos detalles, nos damos cuenta que éstos son comunes para todos los tiempos. En cada época hay guerras, hambre, terremotos, en cada época surgen las enseñanzas erróneas y aparecen las personas que se levantan contra la religión. Entonces ¿por qué la Biblia habla sobre ellos? Por la misma razón por la cual habla sobre el tiempo desconocido de la venida del Señor: para que los cristianos estén preparados siempre, y que la consciente espera les hace madurar su fe y su amor. Este es el objetivo de despertar el ansia de la venida de Cristo, la cual puede también tomar la dimensión inadecuada. El mismo Pablo se dio cuenta de ello. Primeramente, según podemos leer en la primera Carta a los tesalonicenses, pareció expresar su esperanza del pronto encuentro con el Señor[239], para después, un año más tarde, apartarse de esa interpretación, al ver que algunos tesalonicenses dejaron de trabajar, únicamente esperando, de manera pasiva, la venida del Señor.[240] Contra esa pasividad se expresó también san Pedro, o mejor dicho el Autor de la segunda Carta de san Pedro, quien a la vez intentó explicar la tardanza de la parusía: *Mas una cosa no podéis ignorar, queridos: que ante el Señor un día es como mil años y, mil años, como un día. No se retrasa el Señor en el cumplimiento de la promesa, como algunos lo suponen, sino que usa de paciencia con vosotros, no queriendo que algunos perezcan, sino que todos*

---

232 *En este momento podríamos recordar que lo que está escrito en los Evangelios no tanto son palabras precisas de Jesús, sino las palabras como las recordaron los testigos y los a quienes fueron transmitidas.*
233 Mc 13, 32; también Mt 24, 36.
234 Mc 13, 35-36.
235 Lc 21, 25-26.
236 Mc 13
237 2Ts 2, 3-10
238 1J 2, 18.22.
239 1Ts 4, 15-17
240 2Ts 2, 1-2; 3, 10-13.

lleguen a la conversión. El Día del Señor llegará como un ladrón; en aquel día, los cielos, con ruido ensordecedor, se desharán; los elementos, abrasados, se disolverán, y la tierra y cuanto ella encierra se consumirá. Puesto que todas estas cosas han de disolverse así, ¿cómo conviene que seáis en vuestra santa conducta y en la piedad, esperando y acelerando la venida del Día de Dios, en el que los cielos, en llamas, se disolverán, y los elementos, abrasados, se fundirán?[241]

El tema de la parusía parece, aún más que otros temas, exigir de los lectores u oyentes, que tomen la significación de la Biblia (aquí del Nuevo Testamento) en su totalidad, sin quedarse y concentrarse demasiado en uno u otro detalle. De manera contraria seremos parecidos más a los tesalonicenses y no a los discípulos verdaderos, así como los quiere tener Jesucristo: *Velad, pues, porque no sabéis ni el día ni la hora.*[242] Como un ejemplo negativo nos pueden servir aquí de nuevo los testigos de Jehová, que desde los comienzos del siglo XX muchas veces indicaban la fecha de la venida de Cristo, exponiendo así al ridículo el tema de la parusía.

Al tratar el tema de la parusía no podemos no mencionar lo que al respecto afirma el Catecismo de la Iglesia. Y éste la presenta como una consecuencia del plan salvífico para con la humanidad y el mundo entero: *El Reino de Cristo, presente ya en su Iglesia, sin embargo, no está todavía acabado "con gran poder y gloria" (Lc 21, 27; cf. Mt 25, 31) con el advenimiento del Rey a la tierra. Este Reino aún es objeto de los ataques de los poderes del mal (cf. 2 Ts 2, 7), a pesar de que estos poderes hayan sido vencidos en su raíz por la Pascua de Cristo. Hasta que todo le haya sido sometido (cf. 1 Co 15, 28), y "mientras no [...] haya nuevos cielos y nueva tierra, en los que habite la justicia, la Iglesia peregrina lleva en sus sacramentos e instituciones, que pertenecen a este tiempo, la imagen de este mundo que pasa. Ella misma vive entre las criaturas que gimen en dolores de parto hasta ahora y que esperan la manifestación de los hijos de Dios" (LG 48). Por esta razón los cristianos piden, sobre todo en la Eucaristía (cf. 1 Co 11, 26), que se apresure el retorno de Cristo (cf. 2 P 3, 11-12) cuando suplican: "Ven, Señor Jesús" (Ap 22, 20; cf. 1 Co 16, 22; Ap 22, 17-20).*[243]

Y si se trata de las señales precedentes la parusía, el Catecismo parece optar por uno seguro: *El triunfo del Reino de Cristo no tendrá lugar sin un último asalto de las fuerzas del mal.*[244] Sin embargo, los que conocen la historia del mundo saben que incluso esta señal es muy general, presente en todos los tiempos, por lo tanto será difícil decir con seguridad "ya está".

Para concluir el tema sería bueno también mirar desde la perspectiva de la parusía a la misma Iglesia de Cristo. Esto nos ayudaría a comprender mejor lo que la Iglesia es. Si nos damos cuenta de que ella "llena" el tiempo (entretiempo) entre la ascensión de Cristo, o mejor dicho la venida del Espíritu Santo, y la segunda venida de Cristo, se nos aclara a la vez de que ella es como una pre-parusía, algo que "reemplaza" a Jesucristo en nuestros tiempos, algo como "sacramento" de la parusía. Esta idea es de suma importancia, sin embargo aquí no la vamos a desarrollar. En este momento es suficiente señalarla para que inquiete y provoque a ampliar la perspectiva de mirar a lo que para muchos es únicamente una comunidad de creyentes en Cristo.

---

241 2P 3, 8-12
242 Mt 25, 13.
243 CCE 671.
244 CCE 680.

Según se comprende, en el día del advenimiento de Cristo tendrá lugar la resurrección de los muertos. Hablamos sobre ello ya anteriormente, no obstante ahora repitamos la pregunta más inquietante: ¿Cómo será la resurrección?

Esta pregunta acompaña a los cristianos, y antes a muchos judíos, desde cuando la idea de la resurrección encontró su espacio en la religión, es decir desde cuando fue aceptada como la verdad revelada por Dios. Casi todas las religiones confesaban, como ya lo decimos, su fe en uno u otro tipo de la vida ultratumba, sin embargo en el seno del judaísmo y mucho más en el cristianismo se desarrolló la fe en un re-enlace de alma con su cuerpo, en la dimensión universal, concerniente a todos.

El Catecismo declara: *Creer en la resurrección de los muertos ha sido desde sus comienzos un elemento esencial de la fe cristiana. "La resurrección de los muertos es esperanza de los cristianos; somos cristianos por creer en ella" (Tertuliano, De resurrectione mortuorum 1, 1): «¿Cómo andan diciendo algunos entre vosotros que no hay resurrección de muertos? Si no hay resurrección de muertos, tampoco Cristo resucitó. Y si no resucitó Cristo, vana es nuestra predicación, vana también vuestra fe [...] ¡Pero no! Cristo resucitó de entre los muertos como primicias de los que durmieron» (1 Co 15, 12-14. 20).*[245]

No obstante, hay que mencionar también que dicha fe, desde el principio provocaba muchos malentendidos, que incluso la ridiculizaban, cuando se la expresaba de manera excesivamente natural. Esto a su vez la censuraba en los ojos de muchos, hasta su reprobación manifestada a través de la la pregunta medio irónica sobre el carácter de la resurrección. Lo expresó incluso san Pablo repitiendo dicha pregunta en su carta dirigida a los corintios: *Pero dirá alguno: ¿Cómo resucitan los muertos? ¿Con qué cuerpo vuelven a la vida?*[246], para después guiar al trayecto adecuado (a la trayectoria correcta) la reflexión al respecto: *Así también en la resurrección de los muertos: se siembra corrupción, resucita incorrupción; se siembra vileza, resucita gloria; se siembra debilidad, resucita fortaleza; se siembra un cuerpo natural, resucita un cuerpo espiritual. Pues si hay un cuerpo natural, hay también un cuerpo espiritual.*[247] Con esta declaración cortó decididamente las exposiciones de los que quisieron y quieren ver la resurrección como un simple regreso de los muertos a la vida. Por lo tanto, que esta objeción de san Pablo acompañe también nuestra reflexión.

Primeramente démonos cuenta que en los textos litúrgicos y los documentos de la Iglesia encontramos dos "versiones" de la fe en la resurrección. Según una se trata de la resurrección *de los cuerpos* (*de la carne*)[248], y según otra de la resurrección *de los muertos*[249]. No obstante, al darnos cuenta de que en el lenguaje hebreo y la mentalidad judaica, en general, el cuerpo significaba al hombre total, a la vez nos damos cuenta también de que la dualidad aquí es solo aparente, ya que ambos términos se refieren a lo mismo. El Catecismo lo aclara aún más: *La "resurrección de la carne" significa que, después de la muerte, no habrá solamente vida del alma inmortal, sino que también nuestros "cuerpos mortales" (Rm 8, 11) volverán a tener vida.*[250] No debe extrañar que la materialidad de la resurrección desde el principio emocionaba a la gente, provocando la curiosidad y las indagaciones. Tampoco debe extrañar que a causa de la falta de la terminología y la filosofía adecuada, que hubiera podido

245 CCE 991.
246 1Co 15, 35.
247 1Co 15, 42-44.
248 DH 2; 5; 10 *y siguientes.*
249 DH 150, *Concilio Constantinopolitano I del año 381.*
250 CCE 990.

servir como base para la reflexión al respecto, surgieran propuestas no en todo correctas y concordantes con la totalidad de la revelación divina. En breve podemos decir que todo el debate oscilaba entre dos extremos. En un extremo se encontraban las opiniones según las cuales la resurrección tendría el carácter únicamente espiritual, sin ningún elemento material. Sabemos que desde este punto de vista hay solo un paso hasta negar la resurrección como tal. Por lo tanto en otro extremo se hallaban las afirmaciones naturalistas que al defender el realismo de la resurrección subrayaban en cambio, de manera exagerada, la identidad de los cuerpos de "acá y ahora" con los cuerpos resucitados. Incluso el Magisterio de la Iglesia pareció caer en este extremo. Primeramente, a finales del siglo V, en la fórmula denominada *Fides Damasi* afirmó: *Limpios nosotros por su muerte y sangre, creemos que hemos de ser resucitados por Él en el último día en esta carne en que ahora vivimos (...).*[251] Después, en el año 675 el Sínodo de Toledo declaró ya más específicamente: *Por este ejemplo de nuestra cabeza*[252]*, confesamos que se da la verdadera resurrección de la carne de todos los muertos. Y no creemos, como algunos deliran, que hemos de resucitar en carne aérea o en otra cualquiera, sino en ésta en que vivimos, subsistimos y nos movemos.*[253] En el mismo tono se expresó por fin el Concilio IV de Letrán del año 1215, el cual se pronunció contra las enseñanzas de los cátaros: *Todos resucitarán en sus propios cuerpos que ahora llevan (...).*[254] Aunque el Catecismo del año 1992, al pronunciarse a favor del realismo de la resurrección repitió la declaración del Concilio de Letrán, sin embargo añadió un detalle, que le quitó a su declaración un sentido naturalista: *Cristo resucitó con su propio cuerpo: "Mirad mis manos y mis pies; soy yo mismo" (Lc 24, 39); pero Él no volvió a una vida terrenal. Del mismo modo, en Él "todos resucitarán con su propio cuerpo, del que ahora están revestidos" (Concilio de Letrán IV: DS 801), pero este cuerpo será "transfigurado en cuerpo de gloria" (Flp 3, 21), en "cuerpo espiritual" (1 Co 15, 44).*[255] Aquí podemos verlo bien que la Iglesia se alejó del camino, o más bien de la tentación antigua, de explicarlo todo de manera detallada, a favor de exponer un misterio, dejando así a Dios la "última palabra".

Seguramente son muchos los que también hoy preguntan sobre el carácter de los cuerpos después de la resurrección, y con seguridad a muchos de ellos no les gusta la idea según la cual serán los mismos cuerpos que se poseía durante la vida. Se podría aceptar esta posibilidad en el caso de los cuerpos de buena presencia, hermosos o jóvenes, etc. Pero si alguien muere ya anciano, muy enfermo, o con alguna discapacidad o desfiguración, sería simplemente "injusto" dejarlo así por toda la eternidad. Por lo tanto no puede no nacer la pregunta ¿De dónde nació la idea de la identidad de los cuerpos? Y ¿Qué de verdad ella significa?

Una cierta motivación de ello emerge de la identidad del cuerpo de Jesucristo antes de su muerte en la cruz, durante la deposición en el sepulcro y, por fin, después de la resurrección. De este modo lo ve también el Catecismo en el punto anteriormente citado. La identidad del cuerpo se la trataba a la vez como un argumento a favor de la materialidad de su resurrección. Y parece que esto fue algo como una trampa. Pues la identidad y la materialidad no tienen que ir de la mano. No cabe duda que la resurrección de Jesucristo fue material. Él mismo lo probó a los discípulos tantas veces, demostrando las señales de los clavos en las manos y los pies[256], la herida en el

---

251 DH 72

252 *"Nuestra cabeza" es decir: Jesucristo*

253 DH 540.

254 DH 801.

255 CCE 999.

256 Lc 24, 40.

costado[257] y sobre todo cuando se ponía a comer con ellos[258]. Sin embargo aquí no debemos olvidar que esa fue la materialidad de "otro tipo", ya que a Jesús ya no lo limitaban los obstáculos materiales, como por ejemplo las paredes y las puertas cerradas[259]. En cambio si se trata de la identidad de su cuerpo en el sentido literal, es decir que su cuerpo fue idéntico, podemos tener unas ciertas objeciones, basadas sobre todo en el hecho de que los discípulos no lo reconocían a la primera vista.[260]

Para poder seguir adelante y a la vez no caer en el error, tenemos que responder y comprender qué significa el cuerpo idéntico o, de otra manera, en qué consiste la identidad del cuerpo. La respuesta, en contra de las apariencias, no es tan simple. Ya Orígenes (+254) pensó sobre ello y distinguió en el cuerpo, por un lado, su materialidad, sometida a los cambios continuos, los cuales hacen que no se puede hablar de la precisa identidad del cuerpo de "hoy" con el de "ayer". Por otro lado hablaba sobre la forma permanente, en la cual se expresa infaliblemente la individualidad del hombre. Por lo tanto, según él no se debe demostrar la identidad del cuerpo resucitado basándose en los elementos materiales, los cuales cambian continuamente, sino en esta "forma", gracias a la cual el cuerpo le pertenece a uno y no a otro.[261] Lastimosamente Orígenes no logró sistematizar su idea al respecto. Sus discípulos lo hicieron con simpleza, y esto provocó discuciones, malentendidos y por fin su rechazo, lo cual fructificó con una fuerte inclinación de la teología hacia la naturalidad, de la cual ya hablamos.

Con el tema de la identidad corporal se vincula también otro problema. No olvidemos que el cuerpo después de la muerte se descompone, se mezcla con otra materia y por fin desaparece. Entonces nacen las preguntas: ¿De qué manera el alma regresará a su cuerpo? ¿Dios lo creará de nuevo o nos da algo "en cambio"? o, tal vez, este cuerpo se levantará, renacerá, por analogía a la descripción del Libro del profeta Ezequiel[262]o como el fénix de sus cenizas. Estas y otras preguntas hacen que hoy nos demos cuenta de nuevo que el fundamento de la identidad del cuerpo resucitado hay que buscarlo fuera de la materia. En este campo nos ayuda el pensamiento de santo Tomás de Aquino, y especialmente su fórmula *Anima forma corporis* (*Alma es forma de cuerpo*). Aunque en su centro se encuentra el alma, sin embargo en una nueva luz se puede ver también el cuerpo humano. Tanto el alma como el cuerpo son realidades únicamente en su mutua vinculación. Aunque no son lo mismo, sin embargo forman unidad, y como unidad forman al hombre. Este punto de vista tiene sus consecuencias de gran importancia tanto en el campo de la materialidad como de la identidad del cuerpo resucitado. Si la esencia del alma consiste en que ella es "forma" del cuerpo, esto significa que su vinculación con la materia es algo permanente, es decir que el alma nunca pierde su vinculación con el cuerpo. Por lo tanto la resurrección como tal, y aún más la resurrección de carácter material, es una consecuencia basada en la misma humanidad. Sin embargo la idea de Tomás tiene también su punto débil. La preocupación por garantizar la logicidad a su teoría lo alejó de la realidad, es decir de lo que, en este caso, nos dicen los sentidos. Se trata de la identidad del cuerpo de Jesús después de su muerte. Para no entrar demasiado en los detalles hay que decir que la propuesta genial de Tomás, en este caso simplemente no cuadró. Su eventual aceptación exigiría como consecuencia la

257 Jn 20, 20.27
258 Lc 24, 43; Jn 21, 13-15.
259 Jn 20, 19.
260 Jn 20, 14; 21, 4; Lc 24, 16.
261 Ratzinger, p. 194-195.
262 Ez 37.

afirmación que en el momento de la muerte el cuerpo de Jesús ya no era su cuerpo. El mismo Tomás se dio cuenta de ello, por eso añadió aquí unas construcciones complementarias.[263]

Hoy sabemos que la intuición de Tomás era en todo correcta, sin embargo encontró la limitación en las condiciones de la época. No obstante, gracias a él comprendimos que la resurrección no es nada artificial, no es ningún postulado artificioso de la devoción sino una consecuencia de lo que es humano. Además confirmó lo que antes había hecho notar Orígenes, que la verdadera identidad del cuerpo se encuentra fuera de la materia. Hoy comúnmente se habla sobre la persona como la que hace que el cuerpo es de uno y no de cualquier otro.

De todos modos, tanto la materialidad de la resurrección como la misma identidad del cuerpo es y quedará para nosotros como un misterio, hasta que tengamos participación en ello, es decir hasta que se haga nuestra propia realidad.

No obstante podemos repetir: Cada uno de nosotros tendrá su propio cuerpo, sin embargo cualquier intento de "prolongar" lo de acá hacia "allá" es un malentendido. *Tener su cuerpo propio* no se limita a tener el cuerpo igual como en el momento de la muerte, o como en cualquier momento de la vida, con todas sus cualidades o imperfecciones. Será pues otra realidad: *Pues cuando resuciten de entre los muertos (...) serán como ángeles en los cielos.*[264]

Hablando de manera más amplia, hay que rechazar decididamente cualquier tendencia de demostrar la resurrección como un simple regreso a la realidad terrenal, sino "después", en otras condiciones, con unos que gobernarán y otros que serán gobernados en el sentido literal, como lo hacen muchas sectas y sobre todo los testigos de Jehová. Si la resurrección ha de ser una simple continuación de lo que hay ahora, entonces nace la pregunta: "Qué cambia la muerte?" En la luz de la doctrina de las sectas el papel de la muerte se reduce a poner fin a la realidad de ahora. Podríamos aquí multiplicar las preguntas al respecto, pero quedémonos con una, que de manera suficiente sacude este punto de vista: ¿Cómo, frente a las explicaciones de las sectas, interpretar el siguiente pasaje de la enseñanza de san Pablo? *Pero dirá alguno: ¿Cómo resucitan los muertos? ¿Con qué cuerpo vuelven a la vida? ¡Necio! Lo que tú siembras no revive si no muere. Y lo que tú siembras no es el cuerpo que va a brotar, sino un simple grano, de trigo por ejemplo o de alguna otra planta. (...) Así también en la resurrección de los muertos: se siembra corrupción, resucita incorrupción; se siembra vileza, resucita gloria; se siembra debilidad, resucita fortaleza; se siembra un cuerpo natural, resucita un cuerpo espiritual. Pues si hay un cuerpo natural, hay también un cuerpo espiritual. Y del mismo modo que hemos llevado la imagen del hombre terreno, llevaremos también la imagen del celeste.*[265]

Comprendamos por fin, que no todo podemos explicarlo ahora. Dios es un misterio, y lo que nos espera también tiene carácter de misterio. Al no ser así no sería de Dios. Por lo tanto en vez de intentar abarcarlo todo con nuestros sentidos, mejor vivamos de tal manera para ser dignos de la resurrección[266]. Este es el núcleo de la elocuencia de la Biblia al respecto.

[263] Ratzinger, p. 198.
[264] Mc 12, 25; Mt 22, 30, Lc 20, 35-36.
[265] 1Co 15, 35-37.42-44.49.
[266] Lc 20, 35.

Ha llegado el momento que hablemos sobre el Juicio Final. Para mucha gente resulta bastante complicado comprender su porqué, ya que confesamos que ya en la hora de la muerte se efectúa el juicio sobre la persona. ¿Para qué, entonces, otro juicio? ¿No se parece ello medio forzado?

Si nos fijamos bien en los textos neotestamentarios nos damos cuenta de que Jesucristo al tomar la palabra sobre el futuro definitivo de la humanidad, hablaba sobre el juicio concerniente a todos los hombres en el día de su venida, al cual le ponía también el nombre de *fin del mundo*[267]. La idea del Juicio Final, por tanto, se relaciona directamente con lo que enseñaba Jesús personalmente. En cambio el juicio particular aparece como consecuencia de la reflexión sobre su palabra. El texto más amplio y a la vez más detallado sobre el Juicio Final se encuentra en el Evangelio según san Mateo: *Cuando el Hijo del hombre venga en su gloria acompañado de todos sus ángeles, entonces se sentará en su trono de gloria. Serán congregadas delante de él todas las naciones, y él separará a los unos de los otros, como el pastor separa las ovejas de los cabritos. Pondrá las ovejas a su derecha, y los cabritos a su izquierda. (...) E irán éstos a un castigo eterno, y los justos a una vida eterna.*[268] Sobre la misma realidad hablan también algunas parábolas, las que contienen elementos relacionados con el -por decirlo así- "rendimiento de cuentas" por la calidad de la vida. Por ejemplo la parábola sobre cizaña[269]: *Dejad que ambos crezcan juntos hasta la siega. Y al tiempo de la siega, diré a los segadores: Recoged primero la cizaña y atadla en gavillas para quemarla, y el trigo recogedlo en mi granero.*

La temática del juicio, que nos espera a todos, formaba también parte de la enseñanza de los Apóstoles:

Dios pasando por alto los tiempos de la ignorancia, anuncia ahora a los hombres que todos y en todas partes deben convertirse, porque ha fijado el día en que va a juzgar al mundo según justicia, por el hombre que ha destinado, dando a todos una garantía al resucitarlo de entre los muertos.[270]

Porque es necesario que todos nosotros seamos puestos al descubierto ante el tribunal de Cristo, para que cada cual reciba conforme a lo que hizo durante su vida mortal, el bien o el mal.[271]

La idea del Juicio Final ¿es propia del cristianismo o aparece también en otras religiones?

Los gérmenes de la idea del juicio universal aparecieron en algunas religiones muy antiguas (p.ej. africanas) y también en grandes religiones, donde dios (uno de los dioses) quien esperaba que se cumpliera su voluntad entre los hombres, exigía que a estos se los examinara después de la muerte, como por ejemplo en la escatología egipcia. Aunque en estos casos se trataba más bien del juicio personal o incluso grupal, sin embargo se podía percibir también las implicaciones universales.

La idea del juicio final de carácter universal emergió sobre todo en las religiones que confesaban la fe en el fin del mundo (o fin del Gran Ciclo). Como tal se derivaba de la idea de la Majestad Divina y de la idea de la recepción del hombre en el cielo. Al cielo se va por la tierra, y aquí se lo

[267] Mt 13, 40.
[268] Mt 25, 31-46.
[269] Mt 13, 24-30.36-43.
[270] Hch 17, 30-31.
[271] 2Co 5, 10.

hace a través de la fe en Dios, a través del culto divino y el cumplimiento de su voluntad expresada en su ley, es decir a través de la religión y la moralidad. Por lo tanto la historia de la humanidad ha de terminar con el balance religioso y moral.[272]

Muy clara imagen del juicio universal fue presentada por el mazdeísmo según el cual el llamado Gran Ciclo terminará con la confrontación y lucha entre Ahur Mazda, dios del bien, personificación de todo el bien, la sabiduría y la verdad, y Angra, espíritu malvado o dios del mal, también entre sus servidores y seguidores. Vencerá Ahur Mazda, se realizará la resurrección de los muertos, el juicio universal y la purificación de la tierra con el fuego. En el juicio, la gente buena que durante su vida atribuyó a la victoria de Ahur Mazda, irá al cielo, en cambio la gente mala que apoyaba a Angra será castigada y precipitada al infierno.

La idea del juicio universal apareció, por fin, también en el seno del judaísmo, según el cual al final de los tiempos se efectuará del Día de Yahvé. Ese mismo día, según las fuentes tardías, se realizará también la venida del Mesías. Sin embargo hay que decir que la idea judaica era bastante estrecha. Aunque hablaba sobre el juicio, sin embargo todo el filo de ese juicio hubiera de ser dirigido contra los pueblos paganos, especialmente contra los que hicieron mal a Israel. Para el Pueblo Elegido, en cambio, este juicio hubiera de ser día del triunfo. Solo Juan el Bautista proclamaba un juicio severo sobre el pueblo de Israel, no obstante ese hubiera de ser efectuado ya por Jesucristo.[273]

Démonos cuenta que las "descripciones" del juicio final usan el lenguaje metafórico, y como tales, en su forma literal, no pueden servir para las exposiciones. El Señor Jesús al anunciar el advenimiento del día del juicio se servía de la simbólica y las imágenes ya funcionantes en la mentalidad de los judíos de aquella época. Lo hacía para no colgar sus enseñanzas en el vacío y, por otro lado, para no concentrar la atención de los oyentes en las cosas de segunda categoría, como hubiera sucedido al introducir imágenes nuevas a la enseñanza. Por lo tanto debemos aprender a separar lo que pertenece a la parte esencial de la escatología de lo que forma su superestructura (es decir las comparaciones, las imágenes etc.). En el caso contrario podemos comenzar a discutir –por ejemplo- sobre el color de las vestiduras de Jesús en el día de su venida y la calidad de su trono, sobre el número de las trompetas anunciantes el fin del mundo, y las cosas por el estilo, y al mismo tiempo omitir con el silencio el verdadero contenido del mensaje.

Si nos fijamos bien en lo que al respecto enseñaba el Magisterio de la Iglesia, nos damos cuenta que éste, respetando el carácter metafórico de la exposición del tema en la Biblia, nunca pretendía pronunciarse categórica y definitivamente sobre los detalles del Juicio Final. Con esto consideraba, por un lado la especificidad del misterio del tema del juicio, y, por otro lado, dejaba un margen para las investigaciones teológicas. Para probarlo es suficiente mencionar y citar algunos documentos oficiales escritos de la Iglesia, relacionados con los sínodos o concilios. Lo mismo cofirman los textos, sobre todo los símbolos de la fe, atribuidos a las personas individuales.

Primera vez el tema del juicio fe mencionado en el símbolo del Concilio de Nicea del año 325, como vinculado directamente con la persona de Jesucristo como Hijo de Dios: *(...) el cual por nosotros los hombres y por nuestra salvación descendió, se encarnó y se hizo hombre, padeció y resucitó al tercer día,*

---

[272] Bartnik 2, p. 887.
[273] Mt 3, 7-12.

subió a los cielos, y ha de venir a juzgar a los vivos y a los muertos.[274] Lo mismo fue repetido por el Concilio I de Constantinopla en el año 381.[275] La versión ampliada, o más detallada, la presentó el sínodo XI de Toledo del año 675 que, según opinión común, resume la doctrina católica de la época patrística: *De allí (del cielo) vendrá con los santos ángeles, y los hombres, para celebrar el juicio y dar a cada uno la propia paga debida, según se hubiere portado, o bien o mal, puesto en su cuerpo.*[276] Seiscientos años más tarde en el mismo espíritu se pronunció el Concilio II de Lyón, del año 1274: *(...) de allí (del cielo) ha de venir a juzgar a los vivos y a los muertos, y que ha de dar a cada uno según sus obras, fueren buenas o malas.*[277] Y en el añadido declaró: *La misma sacrosanta Iglesia romana firmemente cree y firmemente afirma que, asimismo, comparecerán todos los hombres con sus cuerpos el día del juicio final ante el tribunal de Cristo para dar cuenta de sus propios hechos.*[278] De la declaración del Conciliό II de Lyón se sirvió el papa Benedicto XII en su bula Benedictus Deus, del año 1336.[279] El Catecismo presente de la Iglesia se pronuncia en el espíritu semejante: *Cristo glorioso, al venir al final de los tiempos a juzgar a vivos y muertos, revelará la disposición secreta de los corazones y retribuirá a cada hombre según sus obras y según su aceptación o su rechazo de la gracia.*[280] *Frente a Cristo, que es la Verdad, será puesta al desnudo definitivamente la verdad de la relación de cada hombre con Dios (cf. Jn 12, 49). El Juicio final revelará hasta sus últimas consecuencias lo que cada uno haya hecho de bien o haya dejado de hacer durante su vida terrena.*[281] El Juicio Final, según el Catecismo, será el último elemento *de llevar a cabo el triunfo del bien sobre el mal.*[282]

Vale la pena mencionar también que el tema del Juicio Final, así como el de la Parusía, nunca fue cuestionado oficialmente por ninguna rama del cristianismo.

Intentemos descubrir ahora el contenido del mensaje bíblico respecto al Juicio Final.

En las Cartas (Epístolas), las cuales tienen el carácter más bien didáctico, en el primer plano parece hallarse la veterotestamentaria severidad del juicio[283]; san Pablo incluso usa el término *día de la ira*[284]. Sin embargo, a diferencia del Antiguo Testamento, esa severidad ha de alcanzar a todos los pecadores, tanto judíos como paganos y cristianos.[285] La evitarán, en cambio, los cristianos buenos[286], no obstante los maestros serán juzgados más severamente que otros[287]. Según lo mencionado, podemos adherirnos a la opinión del Catecismo, de que el papel principal del mensaje del Juicio Final es llamar a la gente a la conversión y así aprovechar el tiempo de la salvación.[288]

Según **los Evangelios sinópticos** (Mt, Mc, Lc) quien juzgará será Jesús y no Yahvé.[289] Ya no encontramos aquí ninguna hostilidad para con los paganos. En cambio, el filo de la severidad del juicio se dirigirá más bien contra los judíos, sobre todo por no haber reconocido el divino

---

274 DH 125.
275 DH 150.
276 DH 540.
277 DH 852.
278 DH 859.
279 DH 1002.
280 CCE 682.
281 CCE 1039
282 CCE 681.
283 2Ts 1, 5-10; 1Co 5, 13; Rm 2, 3ss.
284 Rm 2, 5.
285 Rm 1, 18; 2, 6; 8, 1.31; 2Co 5, 10; 9, 6; Ga 6, 8.
286 1Ts 1, 10; Rm 5, 9.
287 St 3, 1; cf Mt 23, 13-33.
288 CCE 1041.
289 Mt 7, 21-23; 13, 36-43; 16, 27; 25, 31-46; Lc 13, 25-27.

mensaje personificado en el Hijo de Dios encarnado: *Los ninivitas se levantarán en el Juicio con esta generación y la condenarán; porque ellos se convirtieron por la predicación de Jonás, y aquí hay algo más que Jonás. La reina del Mediodía se levantará en el Juicio con esta generación y la condenará; porque ella vino de los confines de la tierra a oír la sabiduría de Salomón, y aquí hay algo más que Salomón.*[290] *¡Ay de ti, Corazín! ¡Ay de ti, Betsaida! Porque si en Tiro y en Sidón se hubieran hecho los milagros que se han hecho en vosotras, tiempo ha que en sayal y ceniza se habrían convertido. Por eso os digo que el día del Juicio habrá menos rigor para Tiro y Sidón que para vosotras. Y tú, Cafarnaúm, ¿hasta el cielo te vas a encumbrar? ¡Hasta el Hades te hundirás! Porque si en Sodoma se hubieran hecho los milagros que se han hecho en ti, aún subsistiría el día de hoy. Por eso os digo que el día del Juicio habrá menos rigor para la tierra de Sodoma que para ti.*[291]

No obstante la misma justicia divina alcanzará a todos. No será la religión, declarada por uno u otro, la que decidirá sobre el premio o el castigo, sino las obras: *En verdad os digo que cuanto hicisteis a unos de estos hermanos míos más pequeños, a mí me lo hicisteis. (...) cuanto dejasteis de hacer con uno de estos más pequeños, también conmigo dejasteis de hacerlo. Y éstos irán a un suplicio eterno, y los buenos a la vida eterna.*[292]

El Evangelio según san Juan, en cambio, presenta el tema del juicio de manera más esmerada de punto de vista teológico. Se nota que su exposición fue precedida por una profunda reflexión sobre la enseñanza de Jesucristo al respecto. Juan sobre todo cambia el acento lógico. El Juicio Final, según él, no concierne tanto al futuro desconocido sino al presente, porque ya ha comenzado, se está realizando ahora, desde la encarnación del Hijo de Dios: *Ahora es el juicio de este mundo; ahora el Príncipe de este mundo será echado fuera.*[293] En el Evangelio de Juan podemos experimentar un profundo y doloroso drama divino-humano. Juan, el gran cantor del amor divino, intentó de concordar ese amor con el advenimiento del juicio. Y comprendió, y expuso lo que otros apenas intuían o veían de manera parcial. El apogeo del amor del Padre se expresó en el envío del Hijo a la tierra. Su misión fue salvar la humanidad, precisamente en el nombre de este amor.[294] Y aunque el Padre le entregó al Hijo todo juicio[295], no fue en el sentido de que juzgara Él en persona. Según Juan el juicio se efectúa en el mismo encuentro con Cristo, en la fe o en la incredulidad[296]. No solo son las obras realizadas para con los otros, las que cuentan. Esas son ya consecuencia de la aceptación o el rechazo de Cristo, de su persona y sus palabras. El verdadero drama de la humanidad consiste en que *los hombres amaron más las tinieblas que la luz*[297], el egoísmo más que el amor.

El juicio ya presente en el mundo, encontrará su consumación en el día de la resurrección. Entonces únicamente serán confirmadas las deciones de todas las personas tomadas durante su vida: *y saldrán [de los sepulcros] los que hayan hecho el bien para una resurrección de vida, y los que hayan hecho el mal, para una resurrección de juicio (condenación).*[298] *Si alguno oye mis palabras y no las guarda, yo no le juzgo,*

[290] Mt 12, 41-42.
[291] Mt 11, 21-24.
[292] Mt 25, 31-46; cf. Rm 2, 1ss.
[293] Jn 12, 31.
[294] Jn 3, 17.
[295] Jn 5, 22.
[296] Jn 3, 18.
[297] Jn 3, 19.
[298] Jn 5, 29.

porque no he venido para juzgar al mundo, sino para salvar al mundo. El que me rechaza y no recibe mis palabras, ya tiene quien le juzgue: la Palabra que yo he hablado, ésa le juzgará el último día.[299]

La doctrina de Juan respecto al Juicio Final la resume J. Ratzinger: *Cristo a nadie le trae la condenación. Todo Él es salvación. Quien se pone a su lado, se encuentra en el círculo de la salvación. No es Cristo quien condena al hombre. La condenación existe ahí donde el hombre permanece lejos de Cristo. Procede de cerrarse el hombre a Cristo. La Palabra de Cristo que nos trae la salvación demostrará, que el condenado se excluyó de la salvación a sí mismo, poniendo la frontera entre Cristo y él.*[300] Esto significa, por fin, que la frontera de lo escatológico la cruza el hombre no solo en el momento de su muerte, sino ya antes, en el acto de la fe.[301]

Gracias a san Juan y a su profunda reflexión sobre el juicio, tenemos también una perspectiva más madura de ver la definitiva destinación del hombre al cielo o al infierno. Ambas realidades emergen como consecuencias de las elecciones personales, y no como efecto puro de la sentencia divina. Como ya lo hemos demostrado, Dios no sentencia, no condena, Él únicamente confirma la decisión del hombre ya, por él mismo, tomada, también la de escoger la realidad sin Él.

Para terminar tratemos una vez más de la primera pregunta respecto al Juicio Final, especialmente la parte que menciona su supuesta artificialidad, comparándolo con el "anterior" juicio particular.

De hecho para mucha gente es un serio problema comprender la sensatez de "dos juicios": particular y final (universal), incluso cuando el juicio final se lo explica como una confirmación del juicio particular, solemne, definitiva, o cosas por el estilo. Siempre queda una sensación de la insatisfacción.

En este campo nos puede servir la explicación presentada por J. Ratzinger, quien nos recuerda que el Juicio Final tendrá dos aspectos: tanto universal como personal. Uno no le quitará nada al otro. Tampoco se tratará de las "repeticiones de la sentencia", por lo menos no según nuestra y común manera de ver. Aunque la suerte de la persona se determinará ya en el momento de la muerte, y la verdad sobre ella ya no cambiará, sin embargo en ese momento no terminará su existencia. Además, de la enseñanza de san Pablo sabemos que todos los bautizados formamos la Iglesia, es decir el Cuerpo de Cristo, en el cual todos y cada uno tenemos nuestro propio lugar.[302] Esto a su vez significa que todos constituimos un organismo, por decirlo así, y que la suerte de la totalidad de este organismo es también nuestra propia suerte. Por lo tanto solo entonces cuando la historia del mundo y de la humanidad llegue a su consumación total y sea formado todo el organismo del Cuerpo de Cristo, el hombre podrá conocer toda la verdad acerca de sí mismo (conocer y no cambiar) y ocupar su lugar definitivo.[303] En resumen, en el juicio particular conoceremos la verdad sobre nosotros mismos, en el Juicio Final nos descubriremos sobre el fondo de toda la humanidad. El bien realizado por nosotros se hará más expresivo, y el mal causado por nosotros será aún más chocante. Solo esto nos permitirá definirnos de manera absolutamente objetiva y ocupar el correspondiente "lugar" en la eternidad.

---

299 Jn 12, 47-48.
300 Ratzigner, p. 225 (*traducción propia*).
301 Ibíd, p. 226.
302 1Co 12, 27; Ef 4, 12.
303 Ratzinger, p. 209.

No obstante, parece que el verdadero fondo del problema relacionado con dos juicios, nace ya al principio de la reflexión al respecto, ya que ambos juicios los queremos ver como las cosas "últimas" o "finales" de nuestra realidad. El juicio particular ya pertenece a las cosas "finales", y el final es aún más "final" en el sentido de "más último"; así, más o menos, seguimos la lógica de la doctrina. Mientras tanto hay que cambiar la perspectiva. Final como final (último) es el juicio particular. Éste termina nuestra existencia terrenal y la resume. Como tal es individual, ya que concierne a cada una de las personas aparte, en el momento de su muerte, en el distinto momento histórico. Por lo tanto podríamos decir que, respecto a la humanidad, su final es de carácter individual, incluso si en el momento del Juicio Final serán juzgados tanto los muertos como los vivos. El número de los "vivos" entonces formará pues un pequeño e insignificante porcentaje de toda la humanidad de todos los tiempos, y esto de ningún modo podrá cambiar el carácter individual del fin de la vida terrenal de la humanidad. Mientras tanto totalmente distinto será su nuevo comienzo, lo que la Biblia llama *tierra nueva y cielos nuevos*[304], inaugurado en el acto de la resurrección. Este sí, tendrá el carácter universal. Y precisamente aquí, en este "momento" hay que ubicar el llamado Juicio "Final", que será más bien como una clasificación de los elegidos, su elección e invitación a la nueva realidad, todos a la vez. Lo que llamamos Juicio Final será en realidad un "segundo acorde" de la eternidad[305], su inicio universal concerniente a lo personal de todos los hombres: *Venid, benditos de mi Padre, recibid la herencia del Reino preparado para vosotros desde la creación del mundo.*[306]

INFIERNO

Sin embargo no todos tendrán parte en dicha *herencia del Reino*. Habrá quienes serán condenados al castigo eterno e irán al *fuego eterno*, es decir al infierno. De nuestra infancia nos acordamos de las imágenes con los diablos asquerosos y repugnantes, con las calderas llenas de alquitrán o brea, donde se cocía las almas de los pecadores. A decir la verdad, en los tiempos de hoy estos tipos de imágenes son calificados automáticamente como cuentos de hadas o leyendas, y con esto se trata de igual manera lo que ellos habrían de ilustrar. Por ende hay mucha gente, también los que se consideran ser creyentes, que abiertamente confiesa que no cree en el infierno.

El fondo del problema radica en un gran malentendido. Una cosa pues es la existencia del infierno y otra su visión o representación. Sin embargo la gente de hoy no sabe o no quiere distinguirlo. Prefiere seguir identificando la esencia con la representación, para poder eliminarla de su mente como una falsedad, sin remordimientos de conciencia, según la declaración: ¿Quién creería hoy en estas tonterías? Hoy muchos se ríen de las antiguas pinturas "infernales", pero preguntémonos: ¿Cómo se pudo demostrar al hombre sencillo, que no sabía ni leer ni escribir, el horror, el espanto, el miedo, el sufrimiento y la pérdida total de la esperanza, usando únicamente el pincel? Pues precisamente este contenido se encuentra en el término *infierno*. ¿Cómo representarlo para que el que lo contemple huya del peligro de esa realidad? Las imágenes de este tipo cumplieron su misión. Hoy la gente ya sabe leer, pero no siempre comprende lo que lee, y además lee solo lo que quiere. Sobre el infierno no quiere leer. En cambio, nosotros leamos ahora, primero la Biblia, para ver que la Palabra de Dios afirma al respecto, y después algunos

---

304 2P 3, 13; Ap 21, 1.

305 *"Primer acorde" es la resurrección.*

306 Mt 25, 34.

documentos del Magisterio de la Iglesia, para saber también cuál es la doctrina católica relacionada con el infierno.

En el texto original griego[307] de los Evangelios sinópticos (Mt, Mc, Lc) encontramos un término bastante inquietante, usado once veces[308]: *gehena*, del cual se sirve Jesús para significar el destino de los que obran el mal. Este término se deriva del hebreo *Ge Hinnom*, que significa *Valle de Hinom*. En la antigüedad este valle marcaba los límites de Jerusalén, se extendía desde el pie del Monte Sion hasta el Valle de Cedrón. Se lo accedía por la puerta de la ciudad llamada Hersit. Los cananeos, que adoraban al dios Moloch, sacrificaban allí a los niños, quemándolos vivos. Con el tiempo se convirtió en un vertedero de basura y lugar donde se cremaba los cadáveres de los criminales y a quienes se les negó el funeral normal por otros motivos. Lo que no es sin importancia es que en el Valle de Hinom se mantenía constantemente el fuego encendido. Con todo este contenido como un fondo, y según el contexto de las expresiones de Jesús, el término *gehena* significa el lugar de la permanencia de los condenados y apartados por Dios, atormentados con el *fuego que no se apaga*. Para que tengamos una visión más clara del tema, citemos todos estos pasajes donde el término *gehena* aparece:

- *Pues yo os digo: Todo aquel que se encolerice contra su hermano, será reo ante el tribunal; pero el que llame a su hermano "imbécil", será reo ante el Sanedrín; y el que le llame "renegado", será reo de la gehenna de fuego.*[309]
- *Si, pues, tu ojo derecho te es ocasión de pecado, sácatelo y arrójalo de ti; más te conviene que se pierda uno de tus miembros, que no que todo tu cuerpo sea arrojado a la gehenna.*[310]
- *Y si tu mano derecha te es ocasión de pecado, córtatela y arrójala de ti; más te conviene que se pierda uno de tus miembros, que no que todo tu cuerpo vaya a la gehenna.*[311]
- *Y no temáis a los que matan el cuerpo, pero no pueden matar el alma; temed más bien a Aquel que puede llevar a la perdición alma y cuerpo en la gehenna.*[312]
- *Y si tu ojo te es ocasión de pecado, sácatelo y arrójalo de ti; más te vale entrar en la Vida con un solo ojo que, con los dos ojos, ser arrojado a la gehenna del fuego.*[313]
- *¡Ay de vosotros, escribas y fariseos hipócritas, que recorréis mar y tierra para hacer un prosélito, y, cuando llega a serlo, le hacéis hijo de condenación (gehena) el doble que vosotros!*[314]
- *¡Serpientes, raza de víboras! ¿Cómo vais a escapar a la condenación de la gehenna?*[315]
- *Y si tu mano te es ocasión de pecado, córtatela. Más vale que entres manco en la Vida que, con las dos manos, ir a la gehenna, al fuego que no se apaga.*[316]
- *Y si tu ojo te es ocasión de pecado, sácatelo. Más vale que entres con un solo ojo en el Reino de Dios que, con los dos ojos, ser arrojado a la gehenna, donde su gusano no muere y el fuego no se apaga.* [317]
- *Y si tu ojo prepara tu caída, sácatelo; pues es mejor para ti entrar con un solo ojo en el Reino de Dios que ser arrojado con los dos al infierno (gehena).*[318]

---

[307] *Y también en las traducciones más modernas, que dejaron la palabra "gehena" sin traducirla.*
[308] *Más una vez en St 3, 6.*
[309] Mt 5, 22.
[310] Mt 5, 29.
[311] Mt 5, 30.
[312] Mt 10, 28.
[313] Mt 18, 9; cf. Mt 18, 8, *donde habla de ser arrojado en el fuego eterno.*
[314] Mt 23, 14; *En el texto griego Mt 23, 15.*
[315] Mt 23, 32; *En el texto griego Mt 23,33.*
[316] Mc 9, 43.
[317] Mc 9, 45-46.

- *Os mostraré a quién debéis temer: temed a Aquel que, después de matar, tiene poder para arrojar a la gehenna; sí, os repito: temed a ése.*[319]
- Además: *Y la lengua es fuego, es un mundo de iniquidad; la lengua, que es uno de nuestros miembros, contamina todo el cuerpo y, encendida por la gehenna, prende fuego a la rueda de la vida desde sus comienzos.*[320]

Antes de seguir hay que aclarar que en la mayor parte de las traducciones españolas católicas del Nuevo Testamento el término *gehena* es expresado por *infierno*, así como lo interpreta la Iglesia. La misma realidad la reflejan también otros términos, como *fuego, fuego eterno* y *horno del fuego.*[321] El contexto del uso de estos términos demuestra que todos ellos son sinónimos del castigo por los pecados y de los sufrimientos a causa de ellos. Por lo tanto no cabe duda alguna que la idea de la condenación eterna, que se desarrollaba cada vez más claramente en la religión judía durante los dos últimos siglos antes de la venida de Jesús, aparecía permanentemente también en la enseñanza de Jesús y de los Apóstoles.[322] Sin embargo, a pesar de tener una base indiscutible en la Biblia, la verdad sobre la existencia del infierno y sobre la eternidad de la condenación no siempre era aceptada sin objeciones. Como primero se le opuso Orígenes, según el cual la lógica de la historia de la salvación sugería la universal y definitiva reconciliación, lo cual se contradeciría con la eternidad del infierno. Frente al amor divino, frente al sufrimiento de Dios, el mal no puede permanecer para siempre, tiene que perder su dinámica y desaparecer. En práctica esto significa que debería llegar el momento en que se convierta y reconcilie con Dios el mismo Satanás. La supuesta temporalidad del infierno habría de demostrar a la vez que el amor divino es más grande que cualquier maldad del hombre y que este amor es capaz de perdonarlo todo y dejarlo en el olvido. Este "camino de la esperanza", que la teología expresa con el término *apocatástasis*, es decir la *restauración*, la *reposición de algo en su puesto primitivo*, lo seguían también otros, como por ejemplo san Gregorio de Nisa (+395), Dídymo el Ciego (+398), Diodoro de Tarso (+392), Evagrio Póntico (+399), Teodoro de Mopsuestia (+428), y temporalmente también san Jerónimo (+420). No obstante la gran Tradición de la Iglesia fue por otro camino. Tuvo que reconocer que la espera de la apocatástasis se deriva del sistema de pensar y no del testimonio de las Escrituras.[323] Oficialmente la enseñanza sobre la apocatástasis fue rechazada por el Magisterio de la Iglesia ya en el año 543, en el Sínodo de Constantinopla.

¿Cuál de las declaraciones de Jesús confirma que la condenación del infierno será eterna?

Primero démonos cuenta que en ningún momento Jesús habló o sugirió la posibilidad de la temporalidad del infierno. Al contrario, usaba los términos que reflejaban lo definitivo del castigo, por ejemplo cuando hablaba sobre el *fuego eterno*[324] o sobre el *fuego que no se apaga*[325]. Además lo confirma el clima, por decirlo así, de la parábola de un rico y el pobre Lázaro[326], especialmente la frase: *Y además, entre nosotros y vosotros se interpone un gran abismo, de modo que los que quieran pasar de aquí a vosotros, no puedan; ni de ahí puedan pasar donde nosotros.*[327] El mismo acento lo

---

[318] Mc 9, 46-47 – *traducciones distintas que la Biblia de Jerusalén*; Mc 9, 47 – *texto griego.*

[319] Lc 12, 5.

[320] St 3, 6.

[321] Mt 3, 12; 7, 19; 13, 42.50; 18, 8; 25, 41; Lc 3, 9.17; Jn 15, 6; 2Ts 1, 8; Hbr 10, 27; Judas 1, 23.

[322] Ratzinger, p. 235.

[323] Ibíd, p. 236.

[324] Mt 18, 8; 25, 41; *Además el testimonio de Juan el Bautista*: Mt 3, 17.

[325] Mc 9, 43.44.45.46; *Además el testimonio de Juan el Bautista*: Lc 3, 17.

[326] Lc 16, 19-33.

[327] Lc 16, 26.

encontramos también en la enseñanza de san Pablo: *Estos sufrirán la pena de una ruina eterna, alejados de la presencia del Señor y de la gloria de su poder.*[328] El único lugar que podría sugerir un cambio en el futuro "eterno" es el pasaje de la Primera Carta a los corintios: *Cuando hayan sido sometidas a él todas las cosas, entonces también el Hijo se someterá a Aquel que ha sometido a él todas las cosas, para que Dios sea todo en todo.*[329] Sin embargo el acento lógico de esta expresión se encuentra en la definitiva victoria de Dios, en la recapitulación del mundo con toda su historia en Él. San Pablo no expresa aquí opinión sobre el destino de los que hayan elegido alejarse de Dios y que hayan sido vencidos.

¿Cómo serán las penas del infierno?

El Catecismo dice: *La pena principal del infierno consiste en la separación eterna de Dios en quien solamente puede tener el hombre la vida y la felicidad para las cuales ha sido creado y a las cuales aspira.*[330] Esta frase expresa de la mejor manera el núcleo de la realidad del infierno, pero lo hace en el lenguaje teológico, el cual para la mayor parte de la gente, es puramente teórico; se relaciona únicamente con el saber y no con el sentir ni el vivir. Por lo tanto hay que re-leer la Biblia con los ojos del hombre contemporáneo, que hoy no solo quiere saber sino también sentir.

Al hablar al respecto, los Evangelios usan un lenguaje figurativo. En el primer plano se encuentran las comparaciones con el *fuego* y lo que se relaciona con él[331]. Se habla también de los *tormentos* en general[332], del *llanto* y el *rechinar los dientes.*[333] Precisamente estas imágenes influyeron más a la imaginación popular respecto al infierno. El día de hoy la mayor parte de la gente únicamente así ve su realidad, es decir identifica las penas infernales con el sufrimiento físico. A ello se añaden los malentendidos relacionados con la pintura, y todo el proceso termina con el rechazo de la existencia del infierno. Esto a su vez causa múltiples consecuencias en el campo moral. Por lo tanto hoy más que nunca existe la necesidad de restablecer el verdadero significado y sentido del infierno, y hablar sobre él con el lenguaje del hombre contemporáneo. En ello nos ayudará la profunda interpretación de la parábola del rico y el pobre Lázaro. Aunque aparecen en ella los elementos mencionados anteriormente, sin embargo, el acento de la descripción de las penas se encuentra en la declaración puesta en la boca de Abraham, también ya citada: *Y además, entre nosotros y vosotros se interpone un gran abismo, de modo que los que quieran pasar de aquí a vosotros, no puedan; ni de ahí puedan pasar donde nosotros.*[334] No negamos la posibilidad de la existencia de los elementos del sufrimiento de carácter "físico"[335], sin embargo estamos convencidos que la especifidad de la persona humana sugiere la intensidad mayor de los sufrimientos psíquicos. Para que uno pueda no solo saber sino sentir de que se trata, tendría que ponerse en el lugar de aquel rico. Encontrarse separado de su destino y sufrir tormentos, saber y ver que otros al mismo tiempo gozan de consuelo y felicidad, y a la vez tener consciencia que **nunca** su situación va a cambiar. El núcleo de ello fue expresado por el escritor italiano Dante Alighieri en su Divina Comedia, en la novena, última línea de la inscripción colocada encima de la entrada al infierno: *Oh, vosotros, los que entráis, abandonad toda esperanza.*

¿Todos sufrirán la misma intensidad del castigo o ésta será diferente?

---

328 2Ts 1, 9.
329 1Co 15, 28.
330 CCE 1057.
331 Mc 9, 43; Mt 13, 42.50;
332 Lc 16, 23.
333 Lc 13, 28; Mt 8, 12; *además:* Mt 13, 42.50.
334 Lc 16, 26.
335 *Teniendo en cuenta que la "fisicidad" así como la materialidad serán de otro tipo.*

Según la doctrina de la Iglesia, expresada en el Concilio II de Lyón del año 1274, hay que hablar de la desigualdad de las penas.[336] Lo mismo repitió el Concilio de Florencia en el año 1439.[337]

Según algunos la doctrina del infierno eterno se contradice con la misericordia infinita y el amor divino. ¿Cómo –dicen- Dios que ama, puede querer que sus hijos sufran toda la eternidad?

De hecho las afirmaciones de este tipo son muy populares en las confesiones o sectas que niegan la eternidad del infierno[338] o el infierno en general[339]. Y unos y otros, al concentrarse en el amor divino, se olvidan o simplemente no quieren acordarse de la libertad humana. Dios en su amor creó al hombre como un ser libre. Y éste al ser libre puede decirle a Dios *sí* o *no*, puede aceptarlo o rechazar. No obstante cada decisión conlleva la responsabilidad y las consecuencias, de las cuales todos pues son conscientes. Por tanto no es Dios quien condena o rechaza, es el hombre que lo decide. Dios, en su amor y en el respeto a la libertad humana, únicamente confirma la decisión del hombre. San Juan expresó esta idea en las páginas de su Evangelio: *Yo, la luz, he venido al mundo para que todo el que crea en mí no siga en las tinieblas. Si alguno oye mis palabras y no las guarda, yo no le juzgo, porque no he venido para juzgar al mundo, sino para salvar al mundo. El que me rechaza y no recibe mis palabras, ya tiene quien le juzgue: la Palabra que yo he hablado, ésa le juzgará el último día.*[340]

Lo mismo afirma también la Iglesia en el Catecismo: *Dios no predestina a nadie a ir al infierno (cf DH 397; 1567); para que eso suceda es necesaria una aversión voluntaria a Dios (un pecado mortal), y persistir en él hasta el final. En la liturgia eucarística y en las plegarias diarias de los fieles, la Iglesia implora la misericordia de Dios, que "quiere que nadie perezca, sino que todos lleguen a la conversión" (2 P 3, 9).*[341]

No se puede, por tanto, no preguntar: ¿Quién irá al infierno? ¿Para quién está destinado?

De manera más breve podemos decir que al infierno van los que pecaron gravemente y conscientemente contra Dios, contra el prójimo y contra sí mismos, y murieron sin reconciliarse con Dios. El Catecismo lo amplía: *Salvo que elijamos libremente amarle no podemos estar unidos con Dios. Pero no podemos amar a Dios si pecamos gravemente contra Él, contra nuestro prójimo o contra nosotros mismos: "Quien no ama permanece en la muerte. Todo el que aborrece a su hermano es un asesino; y sabéis que ningún asesino tiene vida eterna permanente en él" (1 Jn 3, 14-15). Nuestro Señor nos advierte que estaremos separados de Él si omitimos socorrer las necesidades graves de los pobres y de los pequeños que son sus hermanos (cf. Mt 25, 31-46). Morir en pecado mortal sin estar arrepentido ni acoger el amor misericordioso de Dios, significa permanecer separados de Él para siempre por nuestra propia y libre elección. Este estado de autoexclusión definitiva de la comunión con Dios y con los bienaventurados es lo que se designa con la palabra "infierno".*[342]

Además el mismo Catecismo demuestra que la enseñanza sobre el infierno no tiene como su objetivo ni asustar ni amenazar a nadie, empero es *un llamamiento a la responsabilidad con la que el hombre debe usar de su libertad en relación con su destino eterno. Constituyen al mismo tiempo un llamamiento apremiante a la conversión: "Entrad por la puerta estrecha; porque ancha es la puerta y espacioso el camino que*

336 DH 858.
337 DH 1306.
338 *Una parte del cristianismo ortodoxo.*
339 *Los testigos de Jehová.*
340 Jn 12, 46-48.
341 CCE 1037.
342 CCE 1033.

lleva a la perdición, y son muchos los que entran por ella; mas ¡qué estrecha la puerta y qué angosto el camino que lleva a la Vida!; y pocos son los que la encuentran" (Mt 7, 13-14).[343]

En el Antiguo Testamento, en el Libro de Eclesiastés, encontramos una frase, que de manera poética vincula la libertad con la responsabilidad, y que nos puede servir como una recopilación de lo que hemos tratado respecto al infierno: *Alégrate, muchacho, mientras eres joven, y que tu corazón sea feliz en tus años juveniles. Sigue los impulsos de tu corazón y lo que es un incentivo para tus ojos; pero ten presente que por todo eso Dios te llamará a juicio.*[344]

Para terminar el tema del infierno aclaremos una frase del Credo, la que para muchos es causa de serios problemas: *Fue crucificado, muerto y sepultado. Descendió a los infiernos.* Algunos, incluso, dicen que Jesús después de morir llegó al infierno.

La oración sobre el descenso a los infiernos entró en el Credo en la última frase de su redacción. La expresión griega *κατελθόντα εἰς τὰ κατώτατα* se tradujo en latín como *descendit ad inferos.* En ambos casos se trata de descender a lo que *está abajo.* Recordemos que según las creencias de aquella época *allá abajo*, o *en la parte inferior* de la tierra la gente ubicaba el Sheol o Hades, es decir el mundo de los muertos. Por tanto la expresión *descendió a los infiernos* en el primer lugar significa, que *verdaderamente murió.* Sin embargo esto no es todo. Según los textos neotestamentarios Jesús, al participar en la muerte, entró en el contacto salvífico con los que esperaban su aparición, es decir llevó la noticia de la salvación a los que murieron desde la creación del mundo.

Pues también Cristo, para llevarnos a Dios, murió una sola vez por los pecados, el justo por los injustos, muerto en la carne, vivificado en el espíritu. En el espíritu fue también a predicar a los espíritus encarcelados, en otro tiempo incrédulos, cuando les esperaba la paciencia de Dios, en los días en que Noé construía el Arca, en la que unos pocos, es decir ocho personas, fueron salvados a través del agua.[345]

Por eso hasta a los muertos se ha anunciado la Buena Nueva, para que, condenados en carne según los hombres, vivan en espíritu según Dios.[346]

Por eso dice: Subiendo a la altura, llevó cautivos y dio dones a los hombres. ¿Qué quiere decir «subió» sino que también bajó a las regiones inferiores de la tierra? Este que bajó es el mismo que subió por encima de todos los cielos, para llenarlo todo.[347]

Sobre este episodio misterioso de la historia de la salvación hablan aún más los apócrifos: Carta de los Apóstoles, Evangelio de Pedro, Evangelio de Nicodemo, Evangelio de Bartolomé, Odas de Salomón, Oráculos sibilinos.

Lo mencionan también muchos Padres de la Iglesia, por ejemplo: Ignacio de Antioquía, Justino Mártir, Melitón de Sardes, Ireneo de Lyón, Cirilo de Alejandría, Jerónimo y otros. Todos ellos siempre recalcan el carácter salvífico de aquel acontecimiento.

Hoy no lo comprendemos mucho, e incluso tenemos serios problemas a causa de la terminología. El cielo ya tiene su propio término, el infierno también, sin embargo para expresar el lugar de los

---

343 CCE 1036.
344 Ecl 11, 9 – traducción *del Libro del Pueblo de Dios.*
345 1P 3, 18-20.
346 1P 4, 6.
347 Ef 4, 8-10.

muertos en general, se usa la palabra antigua *infiernos*, que para muchos lastimosamente se vincula más con los condenados eternamente que con los difuntos.

CIELO

Nos ha quedado entonces la última realidad de tratar: el cielo. Así como en el caso del infierno, así también en el caso del cielo, desde la infancia tenemos algunas imaginaciones al respecto: los santos y los ángeles vestidos de blanco, los coros cantando en honor de Dios, paz y tranquilidad. ¿Cómo es de verdad?

Al principio debemos reconocer que tratamos de un misterio. Cualquier intento de expresarlo o representarlo será solo el acercamiento y no la explicación adecuada, plena y definitiva, según las palabras del Apóstol: *(...) anunciamos: lo que ni el ojo vio, ni el oído oyó, ni al corazón del hombre llegó, lo que Dios preparó para los que le aman.*[348]

Para tener una aproximada visión de la temática, citemos algunos pasajes de la Biblia que se refieren al cielo:

- *Alegraos y regocijaos, porque vuestra recompensa será grande en los cielos.*[349]
- *(...) alegraos de que vuestros nombres estén escritos en los cielos.*[350]
- *Amontonaos más bien tesoros en el cielo, donde no hay polilla ni herrumbre que corroan, ni ladrones que socaven y roben.*[351]

En las páginas del Nuevo Testamento, el sinónimo del *cielo* es: *vida*, *vida eterna*, *reino*, *paraíso*:

- *Bienaventurados los perseguidos por causa de la justicia, porque de ellos es el Reino de los Cielos.*[352]
- *Si vuestra justicia no es mayor que la de los escribas y fariseos, no entraréis en el Reino de los Cielos.*[353]
- *Y todo aquel que haya dejado casas, hermanos, hermanas, padre, madre, hijos o hacienda por mi nombre, recibirá el ciento por uno y heredará vida eterna.*[354]
- *Venid, benditos de mi Padre, recibid la herencia del Reino preparado para vosotros desde la creación del mundo.*[355]
- *E irán (...) los justos a una vida eterna.*[356]
- *Maestro, ¿qué he de hacer de bueno para conseguir vida eterna?*[357]
- *Así pues, también a los gentiles les ha dado Dios la conversión que lleva a la vida.*[358]
- *¿No sabéis acaso que los injustos no heredarán el Reino de Dios?*[359]
- *Esto es señal del justo juicio de Dios, en el que seréis declarados dignos del Reino de Dios, por cuya causa padecéis.*[360]

---

348 1Co 2, 9.
349 Mt 5, 12.
350 Lc 10, 20.
351 Mt 6, 20.
352 Mt 5, 10.
353 Mt 5, 20.
354 Mt 19, 29.
355 Mt 25, 34.
356 Mt 25, 46.
357 Mt 19, 16.
358 Hch 11, 18.
359 1Co 6, 9.

- *¡Feliz el hombre que soporta la prueba! Superada la prueba, recibirá la corona de la vida que ha prometido el Señor a los que le aman.*[361]
- *Jesús le dijo: «Yo te aseguro: hoy estarás conmigo en el Paraíso.*[362]

El mismo significado contienen también los términos: casa del Padre, banquete de bodas:

- *En la casa de mi Padre hay muchas mansiones; si no, os lo habría dicho; porque voy a prepararos un lugar.*[363]
- *El Reino de los Cielos es semejante a un rey que celebró el banquete de bodas de su hijo.*[364]

Para conseguir el cielo vale la pena sacrificarlo todo, ya que su valor es incomparable:

- *Más te vale entrar en la Vida manco o cojo que, con las dos manos o los dos pies, ser arrojado en el fuego eterno.*[365]
- *Una cosa te falta: anda, cuanto tienes véndelo y dáselo a los pobres y tendrás un tesoro en el cielo; luego, ven y sígueme.*[366]
- *El Reino de los Cielos es semejante a un tesoro escondido en un campo que, al encontrarlo un hombre, vuelve a esconderlo y, por la alegría que le da, va, vende todo lo que tiene y compra el campo aquel.*[367]
- *También es semejante el Reino de los Cielos a un mercader que anda buscando perlas finas, y que, al encontrar una perla de gran valor, va, vende todo lo que tiene y la compra.*[368]

Ya la lectura superficial de estos textos nos permite comprender que el uso de tales términos no fue calculado únicamente para informar sobre el cielo, sino más bien para presentarlo de tal manera, para que su realidad atrajera a la gente. Jesús quiso sobre todo despertar la verdadera ansia del cielo. Y en aquella época, hay que decirlo, lo logró. Mientras tanto hoy el cielo ya no atrae; y el infierno no advierte. Culpables son los cambios culturales pero también la manera de hablar al respecto. Han pasado los siglos, ha cambiado la mentalidad de la gente, y nosotros seguimos usando el mismo lenguaje y las mismas comparaciones. Es lógico que en la teología dogmática haya que mantener la terminología estrecha y adecuada. Sin embargo la pastoral debe buscar su propia manera de comunicación. Lamentablemente en el caso del cielo no lo hace. Porque hablar sobre el cielo hoy no es de moda. Hoy los teólogos saben cómo definir el cielo, sin embargo no lo saben hacer de manera atrayente. En la mentalidad común el cielo está aburrido, es para los primos, los bobos y los fracasados. La Biblia declara: *Nosotros tenemos nuestra patria en el cielo*[369], y nosotros, en cambio, hacemos todo lo posible para quedarnos en la tierra por más tiempo posible, incluso sufriendo y llorando.

Por lo tanto, para poder salir de esta situación de todo rara, así como en el caso anterior, nos toca releer la Palabra de Dios, descubrir lo que ella enseña al respecto, y por fin intentar a recopilarlo

---

360 2Ts 1, 5.
361 St 1, 12.
362 Lc 23, 43.
363 J 14, 2.
364 Mt 22, 2.
365 Mt 18, 8.
366 Mc 10, 21.
367 Mt 13, 44.
368 Mt 13, 45-46.
369 Flp 3, 20 – *traducción de la Biblia Latinoamericana.*

en el lenguaje comprensible para el hombre de hoy, y hacerlo de tal manera como pensamos lo haría Jesucristo si se dirigiera a la gente una vez más, en nuestros tiempos.

En este proceso de re-comprender la verdad sobre el cielo, primero debemos darnos cuenta que el cielo básicamente no es ningún *lugar* físico, aunque nuestra imaginación tercamente lo toma así. Es más bien un *estado*, en el sentido de la situación. La Iglesia católica comprende el cielo de manera estrictamente personal.[370] *Vivir en el cielo es "estar con Cristo" (cf. Jn 14, 3; Flp 1, 23; 1 Ts 4,17). Los elegidos viven "en Él", aún más, tienen allí, o mejor, encuentran allí su verdadera identidad, su propio nombre (cf. Ap 2, 17).*[371] Este cielo nos "ha abierto" Jesús por su muerte y su resurrección.[372] Su existencia es consecuencia del amor ilimitado del Padre y de su plan de la salvación: *Porque tanto amó Dios al mundo que dio a su Hijo único, para que todo el que crea en él no perezca, sino que tenga vida eterna.*[373]

No obstante, el *vivir en Cristo*, incluso el *poseer plenamente todos los frutos de la redención*, o ser *asociado a la glorificación*[374], hoy no cumple con su papel, es decir no logran pasar de la "capa mental" o "racional" de nuestra personalidad a la "capa afectiva" y "volitiva". Según parece este problema desde hace mucho tiempo acompañaba a la teología que intentaba hablar sobre el cielo en el lenguaje universal, independizándolo de las condiciones personales o de la época. En este espíritu el Catecismo declara: *El cielo es el fin último y la realización de las aspiraciones más profundas del hombre, el estado supremo y definitivo de dicha.*[375] Pero ¿cuáles son estas aspiraciones?

En la historia del pensamiento teológico podemos distinguir dos corrientes que intentaban exponer el contenido de esta afirmación. Según la gran tradición griega y helenística la unión con Dios consiste sobre todo en el *conocimiento* de Dios, porque la esencia del hombre está en su razón. La comunión con Dios se expresaría por tanto en la *visión* de Dios, en su contemplación *cara a cara*. El papa Benedicto XII en su constitución *Benedictus Deus* del año 1336 afirmó: *Definimos con la autoridad apostólica: que, según la disposición general de Dios, las almas de todos los santos [...] y de todos los demás fieles muertos después de recibir el Bautismo de Cristo en los que no había nada que purificar cuando murieron [...]; o en caso de que tuvieran o tengan algo que purificar, una vez que estén purificadas después de la muerte [...] aun antes de la reasunción de sus cuerpos y del juicio final, después de la Ascensión al cielo del Salvador, Jesucristo Nuestro Señor, estuvieron, están y estarán en el cielo, en el Reino de los cielos y paraíso celestial con Cristo, admitidos en la compañía de los ángeles. Y después de la muerte y pasión de nuestro Señor Jesucristo vieron y ven la divina esencia con una visión intuitiva y cara a cara, sin mediación de ninguna criatura.*[376] En este enfoque Dios se manifestaría sobre todo como la Verdad, de la cual emerge todo lo demás; y justamente el conocimiento de la verdad habría de dar al hombre la verdadera felicidad. El desarrollo de esta idea se efectuó sobre todo en el tomismo, es decir en el sistema teológico basado en el pensamiento de santo Tomás de Aquino (+1274). En cambio las corrientes platónico-agustinianas[377], representadas entre otros por san Buenaventura (+1274), beato Juan Duns Scoto (+1308) y muchos místicos, partiendo del principio, según el cual Dios como un Ser totalmente transcendente será inconcebible eternamente, demostraban la *voluntad* como aquella a través de la cual se habría de realizar la comunión con Dios. A diferencia de la

---

[370] Bartnik 2, p. 896.
[371] CCE 1025.
[372] CCE 1026.
[373] Jn 3, 16.
[374] CCE 1026.
[375] CCE 1024.
[376] DH 1000; *Lo mismo fue repetido por en Concilio Vaticano II en LG 49, y el Catecismo en CCE 1023.*
[377] *De Platón y de san Agustín (+430).*

razón, la voluntad humana es ilimitada. Por lo tanto Dios se manifestaría sobre todo como el Bien, del cual emerge la verdad y todo lo demás. La comunión con Él consistiría por tanto, en primer lugar en el amor y en la deleitación de Dios. La teología de nuestros tiempos integra ambos enfoques. Afirma que la comunión con Dios concierne a todos los aspectos personales, con todos sus poderes, receptores y energías, junto con la actuación y la creatividad, especialmente después de la resurrección de los cuerpos. Se trata no solo de la permanencia con Dios *cara a cara*, sino más bien *amor al amor, persona a Persona.*[378]

Sabemos que así como entre los "malos" también entre los "buenos" hay diferencias o gradaciones de lo que uno representa. ¿Todos gozarán en el cielo de la manera igual?

Hasta una simple observación nos dice que entre los "buenos" hay "más buenos" y "menos buenos". Entre los "buenos" hay gente que del hacer el bien hizo el contenido de su vida, hay gente que hace el bien de vez en cuando, y por fin existen también los, de quienes su único mérito es que no hacen el mal. Todos ellos, según la elocuencia de la doctrina, si mueren en el estado de gracia, es decir reconciliados con Dios, incluso después de pasar por el purgatorio, irán al cielo. También los que se hayan convertido en los últimos momentos de su vida.[379]

Durante siglos el Magisterio de la Iglesia se concentraba en el aspecto "premial" del cielo, es decir en el cielo como el premio por la vida buena. Por lo tanto reclamaba "más premio" para los "más merecidos". Muchos hasta hoy miden la bondad de la gente no tanto por el bien que hayan hecho sino por el mal que no hayan hecho, según el punto de vista, que es mejor el que peca menos. El Concilio de Florencia declaró: *Y que las almas de aquellos que después de recibir el bautismo, no incurrieron absolutamente en mancha alguna de pecado, y también aquellas que, después de contraer mancha de pecado, la han purgado, o mientras vivían en sus cuerpos o después de que salieron de ellos (...), son inmediatamente recibidas en el cielo y ven claramente a Dios mismo, trino y uno, tal como es, unos sin embargo con más perfección que otros, conforme a la diversidad de los merecimientos.*[380] Si se parte del sentido común de justicia, no se puede reprochar nada a este punto de vista. Sin embargo lo que disminuye la certeza al respecto es la significación de la parábola que habla sobre el dueño de la viña, que contrató a los obreros para que trabajaran para él. Los primeros fueron contratados de mañana y los últimos al caer la tarde. Por fin llegó el momento de la paga. Algo inquietante sucedió entonces: *Al atardecer, dice el dueño de la viña a su administrador: "Llama a los obreros y págales el jornal, empezando por los últimos hasta los primeros." Vinieron, pues, los de la hora undécima y cobraron un denario cada uno. Al venir los primeros pensaron que cobrarían más, pero ellos también cobraron un denario cada uno. Y al cobrarlo, murmuraban contra el propietario, diciendo: "Estos últimos no han trabajado más que una hora, y les pagas como a nosotros, que hemos aguantado el peso del día y el calor." Pero él contestó a uno de ellos: "Amigo, no te hago ninguna injusticia. ¿No te ajustaste conmigo en un denario? Pues toma lo tuyo y vete. Por mi parte, quiero dar a este último lo mismo que a ti. ¿Es que no puedo hacer con lo mío lo que quiero? ¿O va a ser tu ojo malo porque yo soy bueno?".*[381]

Esta parábola no nos permite ir por los atajos, no nos permite tratar al cielo como un asunto comercial. El cielo no es ningún negocio que hacemos con Dios. Tampoco es cuestión de merecer. No obstante, por otro lado, percibimos que el sentido de justicia no es en todo inadmisible (impropio). Pues de verdad hay gente mejor y peor. ¿Cómo entonces salir de este callejón sin salida?

---

378 Bartnik 2, p. 897-898.
379 Lc 23, 43.
380 DH 1305.
381 Mt 20, 8-15.

Según parece, primero debemos deshacernos del apegamiento a la idea del cielo como recompensa o premio por lo hecho. Esto a su vez nos permite ver que fuera de las diferencias y gradaciones basadas en lo que uno hace, existen sobre todo las diferencias en lo que uno es. En esto consiste la riqueza del mundo personal. Cada uno es distinto. Por lo que es, no es ni mejor ni peor; es distinto. Claro que todo esto se vincula directamente con la calidad de la vida, ya que tanto el bien hecho, como también el mal, influyen a nuestras personalidades, nos tallan y sobre todo nos hacen madurar. Y precisamente aquí se encuentra la clave que nos permite cambiar la perspectiva. En vez de decir: *El cielo hay que merecerlo*, debemos decir: *Para el cielo hay que madurar*. Se lo logra recibiendo a Dios[382], apegándose a Él, rechazando el mal y eligiendo el bien.

Gracias a este cambio podemos ver más ampliamente la esencia de la existencia celestial y su lógica de la *diferenciación de las perfecciones*, es decir que cada uno va a vivir la eternidad de manera distinta.

Sin embargo en este momento nacen malentendidos. Para muchos, especialmente para los formados por las influencias de los sistemas políticos basados en el socialismo, cualquier diferenciación ya es injusta, porque lo "justo" según ellos, es dar igualmente para todos. Los que lo afirman se concentran más en lo dado que en quien lo recibe. Para demostrar la ilogicidad de este punto de vista podríamos servirnos de un simple ejemplo. De entre las comidas una de las más finas, para muchos, es el caviar, que al mismo tiempo es muy costoso. No obstante para la mayor parte de la población el caviar no es nada sabroso. Darles a todos el caviar para que deleiten sería algo no acertado. Esta es apenas una analogía, sin embargo nos permite sentir de que se trata. Y no es nada contrario a la significación de la parábola, ya que su mensaje no se expresa en el postulado de la paga igual para todos, sino en la advertencia para no tratar al cielo según el esquema simple: trabajo – paga; mérito – premio, ya que en primer plano se encuentra la bondad de Dios, y no el esfuerzo humano. El cielo es un don amoroso de Dios, que es Amor.

A cada una de las personas las podemos comparar con los recipientes. Cada uno es distinto, tanto en su tamaño como en la forma. Vivir el cielo significaría llenarse por completo. Lo esencial aquí es recibir la plenitud y no la cantidad. Todos, a pesar de las diferencias, reciben la plenitud, pero ésta a su vez es distinta, según como la definen las distintas personalidades. Algo como presagio de este punto de vista lo encontramos en el Libro de Éxodo, cuando los israelitas recogían el maná en el desierto, es decir lo dado por pura iniciativa divina, basada en el amor para con su pueblo: *Cuando los israelitas la vieron, se decían unos a otros: «¿Qué es esto?» Pues no sabían lo que era. Moisés les dijo: «Este es el pan que Yahveh os da por alimento. He aquí lo que manda Yahveh: Que cada uno recoja cuanto necesite para comer, un gomor por cabeza, según el número de los miembros de vuestra familia; cada uno recogerá para la gente de su tienda.» Así lo hicieron los israelitas; unos recogieron mucho y otros poco. Pero cuando lo midieron con el gomor, ni los que recogieron poco tenían de menos. Cada uno había recogido lo que necesitaba para su sustento.*[383]

Y si se trata de la comprensión de la misma esencia de la existencia celestial hay que partir de su más breve definición: *Vivir en Dios*, a la cual hay que añadir un complementario, mencionado hace poco, que *Dios es amor*. Como será el cielo lo pueden presentir y comprender los que en la tierra experimentaron lo que de verdad es amor, los que amaron de verdad y fueron amados. Ellos no necesitan ningunas definiciones ni explicaciones teológicas. Es suficiente decirles que el cielo

---

382 Jn 1, 12.

383 Ex 16, 15-18.

consiste en amar a Alguien, con todo su ser, sin ninguna limitación, y a la vez ser amado y sentirse amado, como el único ser que existe. Y esto no es todo, ya que la intensidad de este sentimiento hay que elevarlo a la potencia infinita y prolongarlo hacia la eternidad.

Algunos enseñan que el cielo no es ningún estado sino lugar que existirá en la tierra después de la resurrección.

Sobre todo son todos aquellos que interpretan la Biblia al pie de la letra, y los que niegan la existencia del alma inmortal. Al admitir la resurrección de los cuerpos, los quieren "colocar" en la misma realidad que viven ahora. Además, en su mayoría, aceptan la resurrección únicamente de los que, según ellos, hayan cumplido la voluntad de Dios. Los demás simplemente no resucitarán. La verdad sobre la vida eterna la exponen en el espíritu de la descripción del profeta Isaías, como la realidad "mejorada": *Pues he aquí que yo creo cielos nuevos y tierra nueva, y no serán mentados los primeros ni vendrán a la memoria; antes habrá gozo y regocijo por siempre jamás por lo que voy a crear. Pues he aquí que yo voy a crear a Jerusalén «Regocijo», y a su pueblo «Alegría»; me regocijaré por Jerusalén y me alegraré por mi pueblo, sin que se oiga allí jamás lloro ni quejido. No habrá allí jamás niño que viva pocos días, o viejo que no llene sus días, pues morir joven será morir a los cien años, y el que no alcance los cien años será porque está maldito. Edificarán casas y las habitarán, plantarán viñas y comerán su fruto. No edificarán para que otro habite, no plantarán para que otro coma, pues cuanto vive un árbol vivirá mi pueblo, y mis elegidos disfrutarán del trabajo de sus manos. No se fatigarán en vano ni tendrán hijos para sobresalto, pues serán raza bendita de Yahveh ellos y sus retoños con ellos. Antes que me llamen, yo responderé; aún estarán hablando, y yo les escucharé. Lobo y cordero pacerán a una, el león comerá paja como el buey, y la serpiente se alimentará de polvo, no harán más daño ni perjuicio en todo mi santo monte - dice Yahveh.*[384]

Sin embargo esta idea del futuro escatológico como de la realidad presente "mejorada" no concuerda con la lógica de la historia de la salvación expresada en la páginas del Nuevo Testamento. Incluso el mismo Isaías, según estamos convencidos, no tuvo intención de interpretarlo así. Únicamente quiso demostrar la novedad total de este futuro, donde ya no valdría la lógica del presente: *Lobo y cordero pacerán a una, el león comerá paja como el buey.* Más al respecto encontramos en el capítulo 11: *Serán vecinos el lobo y el cordero, y el leopardo se echará con el cabrito, el novillo y el cachorro pacerán juntos, y un niño pequeño los conducirá. La vaca y la osa pacerán, juntas acostarán sus crías, el león, como los bueyes, comerá paja. Hurgará el niño de pecho en el agujero del áspid, y en la hura de la víbora el recién destetado meterá la mano.*[385] La misma idea de la novedad total del futuro escatológico la encontramos en la enseñanza de san Pablo, quien siglos después, hablaba sobre la "incomparabilidad" de la corporalidad de ahora y de la resurrección.[386] Toda su exposición al respecto encuentra su recopilación en la afirmación que *la corrupción no hereda la incorrupción*[387]. Por lo tanto el rol de la muerte, según este punto de vista, no se limita a "cortar" la vida, sino se expresa en la transformación de la vida para la eternidad. Esta lógica concierne a toda la realidad. *Y vi la Ciudad Santa, la nueva Jerusalén, que bajaba del cielo, de junto a Dios, engalanada como una novia ataviada para su esposo.*[388]

---

[384] Is 65, 17-25.
[385] Is 11, 6-8.
[386] 1Co 15, 35ss.
[387] 1Co 15, 50.
[388] Ap 21, 2.

Querer ver el cumplimiento de todas las promesas divinas en la misma realidad material de la tierra y en la misma dimensión temporal[389] significa empobrecer la propuesta divina y a la vez poner en duda la lógica de la historia de la salvación.

Dios es mucho más grande que nuestra imaginación. *Ni el ojo vio, ni el oído oyó.*[390]

Vengan a mí todos los que están afligidos y agobiados, y yo los aliviaré.[391]

---

[389] *Por ejemplo las doctrinas sobre el reinado de mil años en el sentido literal.*

[390] 1Co 2, 9.

[391] Mt 11, 28 – *traducción del Libro del Pueblo de Dios.*

ABREVIATURAS

Bartnik1 – C. Bartnik, *Dogmatyka katolicka,* t. 1, Lublin 1999.

Bartnik 2 – C. Bartnik, *Dogmatyka katolicka,* t. 2, Lublin 2003.

CCE – *Catecismo de la Iglesia Católica, 1993.*

DH – Denzinger, P. Hünermann, *El Magisterio de la Iglesia.*

Ratzinger – J. Ratzinger, *Eschatologia. Śmierć i życie wieczne,* Poznan 1984.

- - - - - - - - - -

Abreviaturas bíblicas según la Biblia de Jerusalén.

INDICE

Printed by Books on Demand GmbH, Norderstedt / Germany